CW01272091

COLLODI

LE AVVENTURE DI PINOCCHIO

EDIZIONE SEMPLIFICATA AD USO SCOLASTICO E AUTODIDATTICO

Le strutture ed i vocaboli usati in questa edizione sono tra i più comuni della lingua italiana e sono stati scelti in base ad una comparazione tra le seguenti opere: Bartolini, Tagliavini, Zampolli – Lessico di frequenza della lingua italiana comtemporanea. Consiglio D'Europa – Livello soglia, Brambilla e Crotti – Buongiorno! (Klett), Das VHS Zertifikat, Cremona e altri – Buongiorno Italia! (BBC), Katerinov e Boriosi Katerinov – Lingua e vita d'Italia (Ed. Scol. Bruno Mondadori).

Redattóre: Ulla Malmmose

A CURA DI
Solveig Odland Danimarca
Pina Zaccarin Lauritzen Danimarca

CONSULENTI
Jorunn Aardal Norvegia
Herbert Friedländer Svezia

Copertina: Mette Plesner
Illustrazioni: Torben Ebbesen

© 1972 EASY READERS, Copenhagen
- a subsidiary of Lindhardt og Ringhof Forlag A/S,
an Egmont company.
ISBN Danimarca 978-87-23-50598-9
www.easyreaders.eu
The CEFR levels stated on the back of the book
are approximate levels.

Easy Readers
EGMONT

Stampato in Danimarca

COLLODI
(Carlo Lorenzini)
(1826–1890)

è l'autore dell'opera più bella e più viva della letteratura infantile italiana. Pinocchio, il suo protagonista, è il primo amico dei bambini italiani che, con lui, vivono le avventure fantastiche, dal Campo dei miracoli al ventre del Pesce-cane; con lui soffrono e si divertono, senza essere mai disturbati dall'intento moralistico e pedagogico della storia. Pinocchio nacque quasi per caso nel 1883 dalla mano di Collodi, bravo giornalista, ma scrittore senza particolari propositi letterari. Prima e dopo di esso, lo scrittore pubblicò *Il viaggio per l'Italia di Giannettino* (1876), *Minuzzolo* (1878), *Occhi e Nasi* (1881), *Storie allegre* (1887), che però non hanno raggiunto la fama mondiale del burattino di legno.

burattino

1

C'era una volta...

– Un re! – direte subito. No, ragazzi. C'era una volta un pezzo di *legno*. Un semplice pezzo di legno di quelli che d'inverno si usano per accendere il fuoco.

Non so come fu, ma il fatto è che un bel giorno questo pezzo di legno si trovò nella *bottega* di un vecchio *falegname* che tutti chiamavano Maestro Ciliegia, a causa del naso che era sempre rosso.

Maestro Ciliegia pensò subito di farne una gamba da tavolino ma, appena cominciato a lavorare, una voce piccola piccola lo fermò:

– Non farmi male! – disse la vocina.

Maestro Ciliegia si guardò intorno nella stanza per vedere di dove mai poteva essere uscita quella voce, ma non vide nessuno! Non poteva certo pensare che fosse uscita dal pezzo di legno. Continuò dunque il lavoro, ma ogni volta che toccava il legno, ecco la vocina di nuovo:

– Ohi! tu mi hai fatto male!

Basta: Maestro Ciliegia non volle più andare avanti. Prese il pezzo di legno e lo diede al suo amico Geppetto che proprio quella mattina era venuto a chiedergli del legno per farne un *burattino*: ma un burattino meraviglioso, che sapesse cantare, ballare, parlare e muoversi come un

---

legno, la parte dura dell'albero.
bottega, negozio.
falegname, colui che lavora il legno.

bambino vero, per andare di paese in paese e raccogliere così i soldi con cui vivere.

Geppetto, tornato a casa, cominciò dunque subito a lavorare. La sua casa era una stanzina quasi senza luce, piccola e povera. I mobili non potevano essere più semplici: una *sedia* cattiva, un letto poco buono e un tavolino tutto rovinato.

– Che nome gli metterò? – diceva fra sé e sé. – Lo voglio chiamare Pinocchio. Questo nome gli porterà fortuna. Ho conosciuto una famiglia intera di Pinocchi: Pinocchio il padre, Pinocchia la madre e Pinocchi i ragazzi, e tutti *se la passavano* bene. Il più ricco di loro chiedeva *l'elemosina*.

Quando ebbe trovato il nome al burattino, allora continuò a lavorare di buona voglia, e gli fece subito i capelli, poi la fronte, poi gli occhi. Fatti gli occhi, si accorse che essi si muovevano e lo guardavano.

Allora, dopo gli occhi, gli fece il naso; ma il naso, appena fatto, cominciò a crescere e diventò in pochi minuti un *nasone* che non finiva mai.

Dopo il naso gli fece la bocca. La bocca non era ancora finita, che cominciò subito a ridere.

– Basta, non ridere più, ti dico! – gridò Geppetto. Allora la bocca non rise più, ma mostrò tutta la lingua.

Dopo la bocca gli fece il collo e poi il corpo con le braccia e le mani.

Appena finite le mani, Geppetto sentì portarsi via la

---

sedia, mobile su cui ci si siede.
passarsela, vivere.
elemosina, denari che i poveri chiedono stendendo la mano.
nasone, grosso naso.

parrucca dal capo. Si voltò in su, e cosa vide? Vide la sua parrucca gialla in mano al burattino.

– Pinocchio!... dammi subito la parrucca. Cattivo, non sei ancora finito di fare e già cominci a mancare di rispetto a tuo padre! Male, ragazzo mio, male! –

Restavano ora da fare le gambe ed i piedi. Fatto ciò, prese il burattino sotto le braccia e lo mise a terra per farlo camminare nella stanza.

parrucca

Le gambe di Pinocchio non erano abituate a ciò e il burattino non sapeva muoversi, ma Geppetto lo teneva per la mano per insegnargli a fare un passo dietro l'altro.

Finalmente Pinocchio cominciò a camminare da sé e a correre per la stanza; finché saltò nella strada e scappò via.

– Fermatelo, fermatelo! – gridava Geppetto; ma la gente che era per la via, vedendo il burattino di legno, si fermava sorpresa a guardarlo, e rideva, rideva da non potersi immaginare.

Alla fine, per buona fortuna, capitò un carabiniere, il quale, sentendo tutto quel rumore, si mise con coraggio a gambe larghe in mezzo alla strada per fermare il burattino. Il carabiniere infatti, senza muoversi, *afferrò* per il naso Pinocchio e lo rimise nelle mani di Geppetto; il quale avrebbe voluto subito tirargli gli orecchi, ma si accorse di

---

afferrare, prendere con forza.

non poterlo fare perché si era dimenticato di fare gli orecchi a Pinocchio.

Allora lo prese per il collo e, mentre lo conduceva indietro, gli disse:

– Andiamo a casa. Quando saremo a casa *faremo i conti*. –

Intanto la gente cominciava a fermarsi lì intorno per vedere che cosa succedesse.

– Povero burattino! – dicevano alcuni – ha ragione a non voler tornare a casa! Chi sa come lo *picchierebbe* quell'*omaccio* di Geppetto!... –

Insomma, tanto dissero e tanto fecero che il carabiniere rimise in libertà Pinocchio e condusse in *prigione* quel povero uomo di Geppetto.

Domande

1. Come nasce Pinocchio e perché viene chiamato così?

2. Com'è il babbo di Pinocchio?

3. Quali primi problemi crea Pinocchio a suo padre, appena può camminare?

4. Che cosa dice la gente di Pinocchio e Geppetto?

---

fare i conti, spiegarsi.
picchiare, battere.
omaccio, uomo cattivo.
prigione, casa dove si chiudono coloro che hanno fatto del male agli altri.

2

campanello

berretto da notte →

Era una terribile notte d'inverno. Pinocchio, che ora era a casa solo, aveva una gran paura: ma la fame era più forte della paura ed allora aprì la porta di casa ed uscì di nuovo per cercare qualcosa da mangiare.

Tutto era buio. Le botteghe erano chiuse; le porte delle case chiuse; e nella strada neppure un cane. Pareva il paese dei morti.

Allora Pinocchio, spinto dalla fame, cominciò a suonare con forza il *campanello* di una casa dicendo fra sé:

– Qualcuno verrà fuori. –

Infatti ecco un *vecchino* col *berretto da notte* in testa, il quale gridò tutto arrabbiato:

– Che cosa volete a quest'ora?

– Potreste darmi un po' di pane?

– Aspettami lì, che torno subito, – rispose il vecchino credendo di avere a che fare con uno di quei ragazzi che si divertono di notte a suonare i campanelli delle case per *disturbare* la gente per bene.

---

vecchino, piccolo uomo vecchio.
disturbare, recare fastidio.

Dopo mezzo minuto la finestra si aprì di nuovo e la voce del vecchio gridò a Pinocchio:

– Vieni qui sotto! –

Pinocchio si avvicinò pieno di speranza ma si sentì piovere addosso un mare d'acqua che lo bagnò dalla testa ai piedi.

Tornò a casa tutto bagnato, stanco e *affamato:* e poiché non aveva più forza di muovere un passo, si mise su una sedia mettendo i piedi sopra un *caldano* pieno di legna.

E lì si addormentò; e nel dormire, i piedi che erano di legno, gli presero fuoco piano piano e diventarono *cenere.*

E Pinocchio continuava a dormire, come se i suoi piedi fossero quelli di un altro. Finalmente al mattino si svegliò, perché qualcuno batteva alla porta.

– Chi è? – domandò Pinocchio.

– Sono io – rispose una voce.

Quella voce era la voce di Geppetto.

---

affamato, che ha fame.

cenere, quello che resta dopo che il legno è bruciato.

Il povero Pinocchio, ancora mezzo addormentato, non si era ancora accorto che i suoi piedi erano tutti bruciati: appena sentì la voce di suo padre, saltò giù dalla sedia per correre ad aprire la porta ma, invece, dopo due o tre passi, finì per terra.

– Aprimi! – gridava intanto Geppetto dalla strada.

– *Babbo* mio, non posso – rispondeva il burattino piangendo.

– Aprimi, ti dico! – ripeté Geppetto.

– Non posso stare in piedi, davvero. O povero me, povero me, dovrò camminare coi ginocchi per tutta la vita . . .! –

Geppetto, credendo che tutto questo fosse un altro scherzo del burattino, provò ad entrare in casa dalla finestra.

Dapprima era molto arrabbiato e voleva *punire* Pinocchio, ma quando lo vide in terra e senza piedi davvero, cominciò a baciarlo e con le *lacrime* che gli cadevano giù senza fermarsi, disse:

– Pinocchiuccio mio, come ti sei bruciato i piedi?

– Non lo so, babbo, ma è stata una notte d'inferno e me ne ricorderò sempre. Avevo fame e allora quel vecchino col berretto da notte mi disse: «Vieni qui sotto», e io con quell'acqua sul capo, perché il chiedere un po' di pane non è male, vero? me ne tornai subito a casa, e poiché avevo sempre una gran fame, misi i piedi sul caldano per *asciugarmi*, e voi siete tornato, e me li sono trovati tutti

---

babbo, padre.
punire, dare una pena.
lacrima, quando si piange si hanno le lacrime agli occhi.
asciugare, levare via l'acqua.

bruciati, e intanto la fame l'ho sempre e i piedi non li ho più! Ih!... ih!... ih!... ih!... –

E il povero Pinocchio cominciò a piangere così forte, che lo sentivano da cinque chilometri lontano.

Geppetto, che di tutte queste parole aveva capito una cosa sola, cioè che il burattino sentiva una gran fame, tirò fuori di tasca tre *pere* e disse:

– Queste tre pere erano la mia colazione, ma io te le do volentieri.

– Se volete che le mangi, dovrete togliere la *buccia*.

– Togliere la buccia? – rispose Geppetto *meravigliato*. – Non avrei mai creduto che tu fossi così. Male, ragazzo mio! In questo mondo, fin da bambini, bisogna saper mangiare di tutto, perché non si sa mai quel che può succedere.

– Voi dite bene, – disse allora Pinocchio – ma io non mangio frutta con la buccia.

E quel buon uomo di Geppetto tolse allora la buccia alle tre pere e la mise da parte sulla tavola.

Quando Pinocchio ebbe mangiata la prima pera, fece per buttar via il *torsolo*; ma Geppetto lo fermò dicendogli:

– Non buttarlo via: tutto in questo mondo può far comodo.

– Ma io il torsolo non lo mangio davvero! – gridò il burattino.

– Chi lo sa! *I casi sono tanti!* – ripetè Geppetto.

Mangiate le tre pere, Pinocchio disse *piagnucolando:*
– Ho ancora fame!

---

meravigliato, pieno di sorpresa.
i casi sono tanti, tutto può succedere.
piagnucolare, piangere come fanno i bambini.

– Ma io, ragazzo mio, non ho più nulla da darti.
– Proprio nulla, nulla?
– Ho solo queste bucce e questi torsoli di pera.
– Se non c'è altro, mangerò una buccia. – disse Pinocchio.

E uno dietro l'altro si mangiò bucce e torsoli e quando ebbe finito ogni cosa, si battè le mani sullo stomaco, e disse:

– Ora sì che sto bene!
– Vedi dunque, – disse Geppetto, – che avevo ragione io quando ti dicevo che non bisogna fare i difficili. Caro mio, non si sa mai che cosa ci può succedere in questo mondo. I casi son tanti!!...

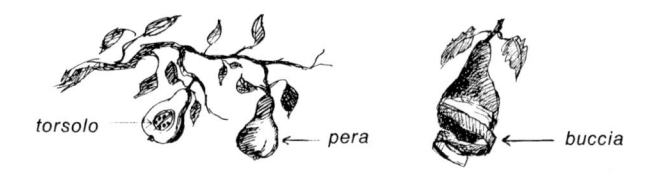

torsolo ← pera buccia

Il burattino, appena gli andò via la fame, cominciò subito a piangere perché voleva dei piedi nuovi e Geppetto, dispiaciuto nel vedere Pinocchio in quello stato, si mise a lavorare e in meno di un'ora i piedi erano fatti.

– Per ringraziarvi di quanto avete fatto per me, – disse Pinocchio al suo babbo – voglio subito andare a scuola.
– Bravo ragazzo!
– Ma per andare a scuola ho bisogno di un vestito. –
Geppetto, che era povero e non aveva un soldo, gli

fece allora un vestito di carta a fiori, un paio di scarpe di legno e un *berretto* di pane.

Pinocchio si guardò a lungo con piacere e fu così contento di sé, che disse:

– Sembro proprio un signore!

berretto

– A proposito, – disse ancora il burattino – per andare a scuola mi manca sempre qualcosa: anzi mi manca la cosa più importante, l'*Abbecedario*.

– Hai ragione: ma come si fa per averlo?

– È facilissimo: si va da un *libraio* e si compra.

– E i soldi?

– Io non li ho.

– Nemmeno io, – disse il buon vecchio, diventando triste.

E Pinocchio, che pure era un ragazzo *allegro*, divenne triste anche lui: perché la *miseria*, quando è miseria davvero, la capiscono tutti: anche i ragazzi.

Abbecedario, libro per imparare a leggere.
libraio, colui che vende i libri.
allegro, pieno di gioia.
miseria, lo stato in cui ci si trova quando si è molto poveri.

– Via dunque! – gridò Geppetto tutto a un tratto. Prese la sua vecchissima giacca e uscì correndo di casa.

Dopo poco tornò: e quando tornò aveva in mano l'Abbecedario per il figlio, ma la giacca non l'aveva più. Il pover'uomo aveva solo la camicia, e fuori faceva molto freddo.

– E la giacca, babbo?
– L'ho venduta perché mi faceva caldo. –

Pinocchio capì e saltò allora al collo di Geppetto e cominciò a baciarlo per tutto il viso.

Domande

1. Che cosa fa Pinocchio mentre Geppetto è in prigione?

2. Come si svolge l'incontro fra padre e figlio, quando ritorna Geppetto?

3. Qual è la cena di Pinocchio?

4. Perché Pinocchio vuol andare a scuola?

5. Che cosa gli serve per andarci?

3

Pinocchio, col suo Abbecedario nuovo sotto il braccio, prese la strada per andare a scuola e intanto pensava fra sé:

– Oggi, alla scuola, voglio subito imparare a leggere: domani imparerò a scrivere e poi a fare i numeri. Così guadagnerò molti soldi e con i primi soldi voglio subito comprare una bella giacca al mio babbo.

Mentre tutto contento diceva così, gli sembrò di sentire una musica lontana. Si fermò per ascoltare meglio.

– Che cosa sarà questa musica? Peccato che io debba andare a scuola, se no . . . –

Non sapeva cosa fare. Ad ogni modo bisognava decidersi: o a scuola o a sentire la musica.

– Oggi andrò a sentire la musica e domani a scuola: per andare a scuola c'è sempre tempo. – disse finalmente.

Poco dopo si trovò in mezzo a una piazza tutta piena di gente, intorno a un gran *baraccone* di legno.

– Che cos'è quel baraccone? – domandò Pinocchio a un ragazzetto del paese.

– Leggi il *cartello* e lo saprai.

– Lo leggerei volentieri, ma appunto oggi non so leggere.

cartello — GRAN TEATRO dei BURATTINI

---

baraccone, specie di casa leggera di legno.

– Bravo stupido! Allora te lo leggerò io! C'è scritto: GRAN TEATRO DEI BURATTINI.

– Hanno già cominciato?

– Comincia ora.

– E quanto costa entrare?

– Quattro soldi.

Pinocchio, pieno di voglia, disse al ragazzo:

– Mi daresti quattro soldi fino a domani?

– Te li darei volentieri, – gli rispose l'altro – ma oggi appunto non te li posso dare.

– Per quattro soldi ti vendo la mia giacca, – gli disse il burattino.

– Che vuoi che faccia di una giacca di carta? Se ci piove su non me la posso più levare.

– Vuoi comprare le mie scarpe?

– Sono buone per accendere il fuoco.

– Quanto mi dai per il berretto?

– Un berretto di pane! Così i *topi* me lo vengono a mangiare in capo.

topo

Pinocchio non sapeva più che fare. Alla fine disse:

– Vuoi darmi quattro soldi per questo Abbecedario nuovo?

– Io sono un ragazzo, e non compro nulla dai ragazzi.

– Per quattro soldi l'Abbecedario lo compro io, – gridò un uomo che era lì vicino e aveva sentito tutto.

E il libro fu venduto lì *su due piedi*. E pensare che quel povero Geppetto era rimasto a casa al freddo, per aver comprato l'Abbecedario al figlio!

Quando Pinocchio entrò nel teatro dei burattini, sulla scena c'erano Arlecchino e Pulcinella. La gente rideva di cuore nel sentire i due burattini che gridavano e si picchiavano proprio come due persone di questo mondo.

Quando all'improvviso, Arlecchino si volta verso il *pubblico* e comincia a gridare:

– Cosa vedo mai? Eppure quello laggiù è proprio Pinocchio!

– È Pinocchio davvero! – grida Pulcinella.

– È Pinocchio! È Pinocchio! – gridano tutti i burattini uscendo fuori sulla scena. – È Pinocchio! È il nostro fratellino Pinocchio! Viva Pinocchio!...

– Pinocchio, vieni qua da me, – grida Arlecchino – vieni dai tuoi fratelli di legno! –

A queste parole Pinocchio saltò senz'altro sulla scena. È impossibile descrivere i baci e i saluti che Pinocchio ricevette dagli amici di legno. Tutti erano felici, non c'è che dire, ma il pubblico, vedendo che la *commedia* non andava avanti, cominciò a gridare: – Vogliamo la commedia, vogliamo la commedia! –

Ma tutto fu inutile: perché i burattini, invece di continuare la commedia, gridavano ancora più forte per far festa a Pinocchio.

Allora uscì fuori il *burattinaio*, un uomo così brutto, che

---

su due piedi, subito.
pubblico, insieme di persone che stanno a guardare lo spettacolo.
commedia, lavoro per teatro.
burattinaio, padrone dei burattini.

metteva paura soltanto a guardarlo. Aveva una grande *barba* nera nera e tanto lunga che scendeva fino a terra. La bocca era larga come una porta e gli occhi parevano due fuochi rossi.

barba →

Al suo entrare tutti fecero silenzio. Quei poveri burattini tremavano dalla paura.

– Perché sei venuto a mettere *disordine* nel mio teatro? – domandò il burattinaio a Pinocchio.

– Mi creda, signore, la colpa non è stata mia!...

– Basta così! Stasera faremo i nostri conti. –

Infatti, finita la commedia, il burattinaio andò in cucina dove si stava preparando da mangiare e, poiché gli mancava la legna per il fuoco, chiamò Arlecchino e Pulcinella e disse loro:

– Portatemi di qua quel burattino. Mi pare fatto di buon legno e sono sicuro che mi darà un bel fuoco. –

Arlecchino e Pulcinella, presi dalla paura, *ubbidirono* e dopo poco tornarono in cucina portando il povero Pinocchio che gridava fuori di sé:

---

disordine, quando non c'è ordine.
ubbidire, fare come viene ordinato.

– Babbo mio, salvatemi! Non voglio morire, non voglio morire!... –

Il burattinaio Mangiafuoco (questo era il suo nome) pareva un uomo terribile, non dico di no, ma non era poi un cattiv'uomo.

Quando si vide davanti il povero Pinocchio si sentì *commuovere* e finì con il gridargli:

– Finiscila di piangere! Vorrà dire che invece di te metterò nel fuoco qualche burattino del mio teatro... Ecco, lì, voi, prendetemi quell'Arlecchino, e gettatelo a bruciare sul fuoco! –

Il povero Arlecchino era senza parole e Pinocchio, nel vedere ciò, andò a gettarsi ai piedi del burattinaio:

– Pietà, signor Mangiafuoco!... Vi domando pietà per il povero Arlecchino!

– Qui non c'è da avere nessuna pietà. Se ho lasciato andare te, bisogna che metta lui sul fuoco, perché voglio che la mia cena sia pronta per bene.

– In questo caso, – gridò Pinocchio, – in questo caso so quello che devo fare. Avanti, prendetemi e gettatemi nel fuoco! Non è giusto che il povero Arlecchino, il vero amico mio, debba morire per me!...

Queste parole fecero piangere tutti i burattini.

Mangiafuoco, dapprima, rimase lì duro e *immobile*, ma poi cominciò anche lui a commuoversi.

– Tu sei un gran bravo ragazzo! Vieni qui da me e dammi un bacio. Per questa sera mangerò la mia cena com'è, ma un'altra volta non mi lascerò commuovere!... –

---

commuovere, muovere a pietà.
immobile, senza movimento.

Il giorno dopo Mangiafuoco chiamò Pinocchio e gli domandò:
- Come si chiama tuo padre?
- Geppetto.
- E che cosa fa?
- Il povero.
- Guadagna molto?
- Guadagna abbastanza per non avere mai un soldo in tasca. Per comprarmi l'Abbecedario della scuola ha dovuto vendere la giacca.
- Pover'uomo! Ecco qui cinque *monete* d'oro. Va' subito a portargliele e salutalo da parte mia. -
Pinocchio, prima di andarsene, disse grazie mille volte, abbracciò *ad uno ad uno* tutti i burattini della compagnia, e si mise in viaggio per tornare a casa sua.

Domande

1. Che cosa fa dimenticare a Pinocchio il proposito di andare a scuola?

2. Chi trova al teatro dei burattini?

3. Quale nuovo sentimento prova Pinocchio fra i burattini?

4. Quali pericoli incontra Pinocchio prima di lasciare il teatro dei burattini?

---

moneta, denaro.
ad uno ad uno, uno alla volta.

← Volpe

Pinocchio non aveva fatto che un pezzo di strada, quando incontrò una *Volpe zoppa* da un piede e un Gatto *cieco* da tutt'e due gli occhi, che camminavano aiutandosi fra di loro, da buoni compagni.

– Buon giorno, Pinocchio, – gli disse la Volpe.
– Com'è che sai il mio nome? – domandò il burattino.
– Conosco bene il tuo babbo.
– Dove l'hai veduto?
– L'ho veduto ieri sulla porta di casa sua.
– E che cosa faceva?
– Era in camicia e cercava di difendersi dal freddo.
– Povero babbo! Ma da oggi non sentirà più freddo!..
– Perché?
– Perché io son diventato un gran signore.
– Un gran signore tu? – disse la Volpe, e cominciò a ridere: e il Gatto rideva anche lui, ma cercando di non farsi vedere.

---

zoppo, malato ai piedi o alle gambe, per cui non può camminare bene.
cieco, che non vede.

– C'è poco da ridere, – gridò Pinocchio – queste qui, se lo sapete, sono cinque bellissime monete d'oro. –

Al suono di quelle monete la Volpe mise avanti la gamba zoppa e il Gatto aprì tutti e due gli occhi: ma poi li chiuse subito, tant'è vero che Pinocchio non si accorse di nulla.

– E ora – gli domandò la Volpe – che cosa vuoi farne di queste monete?

– Prima di tutto – rispose il burattino – voglio comprare al mio babbo una bella giacca nuova e poi voglio comprare un Abbecedario per me.

– Per te?

– Davvero: perché voglio andare a scuola e mettermi a studiare.

– Guarda me: – disse la Volpe – per aver voluto studiare troppo ho perduto una gamba.

– Guarda me: – disse il Gatto – per aver voluto studiare troppo ho perso tutti e due gli occhi.

Erano intanto giunti più che a mezza strada quando la Volpe disse al burattino:

– Vuoi tu, di cinque monete, farne cento, mille, duemila?

– Magari! E come?

– È facilissimo. Invece di tornare a casa tua, dovresti venire con noi.

– E dove mi volete portare?

– Nel paese dei *Barbagianni*. –

Pinocchio ci pensò un poco, e poi disse:

---

barbagianni, uccello che esce di notte. Nome che si dà anche alle persone un po' stupide.

– No, non ci voglio venire. Ormai sono vicino a casa dove c'è il mio babbo che mi aspetta.

– Dunque, – disse la Volpe – vuoi proprio andare a casa tua? Allora va' pure, e tanto peggio per te!

– Tanto peggio per te! – ripetè il Gatto.

– Pensaci bene Pinocchio, perché tu butti via la fortuna.

– La fortuna! – ripetè il Gatto.

– Le tue cinque monete, dall'oggi al domani, potrebbero diventare duemila.

– Duemila! – ripetè il Gatto.

– Ma com'è mai possibile che diventino tante? – domandò Pinocchio, restando a bocca aperta dalla sorpresa.

– Te lo dico subito – disse la Volpe. – Bisogna sapere che nel paese dei Barbagianni c'è un campo detto il Campo dei miracoli. Tu fai in questo campo una piccola *buca* e ci metti dentro per esempio una moneta d'oro. Poi copri la buca con un po' di terra, ci metti dell'acqua, e la sera te ne vai tranquillamente a letto. Intanto, durante la notte, la moneta cresce e la mattina dopo, ritornando nel campo, che cosa trovi? Trovi un bell'albero *carico* di tante monete d'oro.

– Allora, – disse Pinocchio – se mettessi sotto terra in

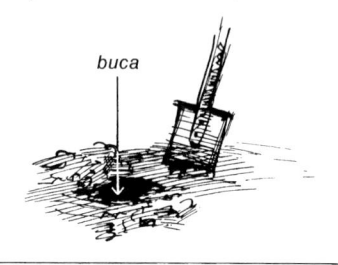

---

carico, pieno.

quel campo le mie cinque monete d'oro, la mattina dopo quante monete ci troverei?

– È molto facile dirlo, – rispose la Volpe. – Se ogni moneta ti dà cinquecento monete, ecco che la mattina ti trovi in tasca duemila cinquecento monete d'oro.

– Oh, che bella cosa! – gridò Pinocchio ballando dalla gioia. – Appena avrò raccolto queste monete, ne prenderò per me duemila e le altre cinquecento le darò a voi due.

– A noi? – gridò la Volpe quasi fosse arrabbiata. – Dio te ne liberi!

– Te ne liberi! – ripetè il Gatto.

– Noi – disse la Volpe – lavoriamo solo per aiutare gli altri.

– Gli altri – ripetè il Gatto.

– Che brave persone! – pensò dentro di sé Pinocchio:

e dimenticando il babbo, la giacca nuova, l'Abbecedario e tutto il resto, disse alla Volpe e al Gatto:

– Andiamo pure. Io vengo con voi. –

Cammina, cammina, cammina, verso sera, arrivarono stanchi morti all'*osteria* del *Gambero Rosso*.

– Fermiamoci un po' qui, – disse la Volpe – tanto per mangiare qualcosa e riposare qualche ora. A mezzanotte poi ripartiremo per essere domani presto nel Campo dei miracoli. –

Entrati nell'osteria, si misero tutti e tre a tavola; ma nessuno di loro aveva fame.

Il povero Gatto, che non stava molto bene, potè mangiare solo trentacinque pesci al *pomodoro* e quattro piatti di carne ai ferri.

La Volpe avrebbe provato volentieri qualcosa anche lei, ma poiché il medico le aveva detto di non mangiare, si potè permettere soltanto una semplice *lepre* con un leggero *contorno* di *polli* giovani. Dopo si fece portare un bel piatto di uccelli e finì con dell'*uva* nera; e poi non volle altro, proprio non riusciva a mettere più nulla in bocca.

---

osteria, luogo pubblico dove si mangia e si beve.
Gambero Rosso, vedi illustrazione pag. 27.
contorno, ciò che sta intorno, cioè quello che si mangia insieme alla carne.

Quello che mangiò meno di tutti fu Pinocchio. Chiese un pezzetto di *noce* e un po' di pane e lasciò nel piatto ogni cosa. Il povero figliolo, col pensiero al Campo dei miracoli, non faceva altro che contare le monete d'oro che avrebbe raccolto.

Quando ebbero mangiato, la Volpe disse all'*oste:*

– Dateci due buone stanze, una per il signor Pinocchio e un'altra per me e il mio amico. Prima di partire dormiremo un poco. Ricordatevi però che prima di mezzanotte vogliamo essere svegliati per continuare il nostro viaggio.

– Certo, signori, – rispose l'oste e fece un segno con l'occhio alla Volpe e al Gatto, come per dire: «Ho capito!...».

Appena fu a letto, Pinocchio si addormentò e cominciò a sognare. E sognando gli pareva di essere in mezzo a un campo, e questo campo era pieno di alberi carichi di monete d'oro che, mosse dal vento, facevano zin, zin, zin, quasi volessero dire: «Chi ci vuole, venga a prenderci». Ma quando Pinocchio fu sul più bello, quando cioè alzò una mano per prendersi tutte quelle belle monete e mettersele in tasca, fu svegliato da tre colpi dati alla porta della stanza.

Era l'oste che veniva a dirgli che era mezzanotte.

– E i miei compagni sono pronti? – gli domandò il burattino.

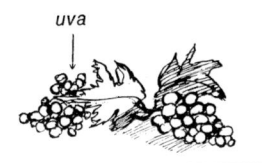

---

oste, padrone dell'osteria.

– Altro che pronti! Sono partiti due ore fa.
– Perché mai tanta fretta?
– Perché il Gatto ha saputo che il suo gattino maggiore, malato ai piedi, stava per morire.
– E la cena l'hanno pagata?
– Ma vi pare? Quelle lì sono persone troppo per bene per offendervi a questo modo.
– Peccato! Questo mi avrebbe fatto piacere! – disse Pinocchio. Poi domandò:
– E dove hanno detto di aspettarmi quei buoni amici?
– Al Campo dei miracoli, domani mattina presto. –
Pinocchio pagò la cena sua e quella dei suoi compagni con una delle monete d'oro, e dopo partì.

Domande

1. Che tipi sono la Volpe e il Gatto?
2. Quale consiglio danno a Pinocchio?
3. Dove vanno a mangiare e a riposarsi?
4. Come si svolge la cena dei tre?
5. Perché la Volpe e il Gatto sono partiti dall'Osteria senza aspettare il burattino?

5

Fuori dell'osteria era così buio che non si vedeva nulla. *Di tanto in tanto* solo grossi uccelli volavano intorno al capo di Pinocchio, il quale saltando indietro per la paura, gridava: – Chi va là? – Ma nessuno rispondeva. Il burattino si rimetteva allora a camminare dicendo fra sé: – Davvero, come siamo *sfortunati* noi poveri ragazzi! Tutti hanno da dire contro di noi, tutti ci danno consigli.

Noi ragazzi invece sappiamo fare tutto da soli. Eccomi, ora io vado solo di notte e non ho paura. E di che cosa dovrebbe mai aver paura un ragazzo che va fuori solo di notte? Degli *assassini* forse? *Neanche per sogno*. Se anche li trovassi qui sulla strada, andrei loro incontro gridando: «Signori assassini, che cosa vogliono da me? Si ricordino che con me non si scherza! Se ne vadano dunque per la loro strada, e zitti!». A queste parole dette sul serio, quei poveri assassini, mi par di vederli, scapperebbero via come il vento. Se poi fossero così poco gentili da non voler scappare, allora scapperei io, e così la farei finita . . . –

Ma Pinocchio non poté finire di pensare perché in quel momento gli sembrò di sentire dietro di sé un leggero rumore.

Si voltò a guardare e vide nel buio due figure nere nere

---

di tanto in tanto, qualche volta.
sfortunato, senza fortuna.
assassino, chi uccide.
neanche per sogno, niente affatto.

che gli correvano dietro *in punta di piedi* come se fossero due *fantasmi*.

– Eccoli davvero! – disse dentro di sé: e non sapendo dove nascondere le quattro monete, se le nascose in bocca, sotto la lingua.

---

in punta di piedi, sulla punta dei piedi per non far rumore, per non farsi sentire.

Poi provò a scappare, ma si sentì subito prendere per le braccia e due *orribili* voci gli dissero:

– O la borsa o la vita! –

Pinocchio, non potendo rispondere a causa delle monete che aveva in bocca, fece mille *versi* per far capire ai due assassini che lui era un povero burattino e che non aveva in tasca nemmeno un soldo.

– Via, via! Meno versi e fuori i soldi! – gridarono i due *briganti*.

Il burattino fece col capo e con le mani un segno come dire: «Non ne ho».

– Metti fuori i soldi o sei morto! – disse l'assassino più alto.

– Morto! – ripetè l'altro.

– E dopo ucciso te, uccideremo anche tuo padre!

– Anche tuo padre!

– No, no, no, il mio povero babbo no! – gridò Pinocchio con voce disperata; ma nel gridare così le monete gli suonarono in bocca.

– Ah! Dunque i soldi te li sei nascosti sotto la lingua? Dammeli subito! –

Allora l'assassino più piccolo tirò fuori un grosso *coltello* e provò a metterglielo con forza fra le labbra; ma Pinoc-

⟵ coltello

---

orribile, che dà paura.
versi, qui movimenti usati per esprimersi.
brigante, modo di chiamare chi fa del male agli altri

chio, subito, gli afferrò la mano coi denti e gliela tagliò *di netto*. Immaginarsi la sua sorpresa quando si accorse di avere in bocca una *zampa* di gatto.

Dopo questo primo successo, cominciò a scappare nella campagna. E gli assassini a correre dietro a lui: come due cani dietro una lepre.

Dopo aver corso per quindici chilometri, Pinocchio non ne poteva più. Salì su un altissimo albero e lì attese che succedesse qualcosa.

I due assassini non si persero di coraggio. Raccolsero della legna attorno all'albero e vi dettero fuoco. Pinocchio, che non voleva finire bruciato vivo, saltò dall'albero e via a correre di nuovo tra i campi. E gli assassini dietro, sempre dietro, senza fermarsi mai.

Intanto cominciava a venire il giorno; quand'ecco Pinocchio si trovò davanti un largo corso d'acqua. Che fare? – Uno, due, tre! – gridò il burattino e saltò dall'altra parte. E gli assassini saltarono anche loro, ma finirono nel mezzo dell'acqua. Pinocchio, che ne sentì il rumore, gridò ridendo e continuando a correre:

– Buon bagno, signori assassini. –

E già pensava che fossero morti, quando invece, voltandosi a guardare, vide che gli correvano dietro tutti e due.

Allora il burattino fu proprio sul punto di gettarsi per terra ma, nel girare gli occhi, vide in mezzo agli alberi una casa piccola e bianca.

– Se potessi arrivare fino a quella casa, forse sarei al sicuro, – disse dentro di sé.

---

di netto, del tutto.
zampa, piede d'animale.

E via dunque di nuovo a correre, con gli assassini sempre dietro.

Dopo quasi due ore finalmente arrivò alla casina e picchiò alla porta.

Nessuno rispose.

Tornò a picchiare più forte, perché sentiva dietro il rumore dei due che si avvicinavano. Allora venne alla finestra una bella bambina, coi capelli *turchini*, il viso bianchissimo e gli occhi chiusi, la quale, senza muovere le labbra, disse:

– In questa casa non c'è nessuno. Sono tutti morti.

– Aprimi tu! – gridò Pinocchio piangendo.

– Sono morta anch'io.

– Morta? E che fai allora lì alla finestra?

– Aspetto che vengano a portarmi via.

– O bella bambina dai capelli turchini, – gridava Pinocchio – aprimi! Abbi pietà di un povero ragazzo nelle mani degli assas.. –

Ma non potè finire la parola, perché si sentì afferrare per il collo e le due voci gli gridarono insieme:

– Ora non ci scappi più! –

– Dunque? – gli domandarono gli assassini – vuoi aprire la bocca, sì o no? Ah! non rispondi?... Lascia fare: questa volta te la apriremo noi!.... –

E tirati fuori due coltelli lunghi lunghi, zaff... lo colpirono più volte con forza.

Ma il burattino era fatto di un legno molto duro, quindi i due coltelli andarono a pezzi e gli assassini rimasero col *manico* in mano, a guardarsi in faccia.

---

turchino, azzurro profondo.

manico, parte del coltello che si tiene in mano.

– Ho capito; – disse allora uno di loro – bisogna *impiccarlo!* Impicchiamolo! –

Così fecero, dopo aver trovato un grosso albero, e si misero lì ad aspettare che Pinocchio morisse. Ma il burattino, dopo tre ore, aveva sempre gli occhi aperti, la bocca chiusa ed era più vivo che mai.

Finalmente, stanchi di aspettare, i due si voltarono a Pinocchio e gli dissero:

– Addio a domani. Quando domani torneremo qui, ti troveremo morto e con la bocca aperta. –

E se ne andarono.

Intanto si era alzato un vento molto forte che *sbatteva* in qua e in là il povero Pinocchio. A poco a poco egli sentiva avvicinarsi la morte, pure sperava sempre che da un momento all'altro arrivasse qualcuno a dargli aiuto.

– Oh babbo mio! Se tu fossi qui! . . . –

E non potè dire altro. Chiuse gli occhi, aprì la bocca e rimase lì come morto.

Domande

1. Che cosa pensa Pinocchio mentre cammina nel buio?
2. Perché gli assassini fermano Pinocchio?
3. Cosa succede quando Pinocchio non ubbidisce loro?
4. Dove arriva Pinocchio fuggendo per la campagna?
5. In quale modo credono finalmente di potergli togliere le monete?

---

impiccare, legare qualcuno per il collo e tirarlo su per ucciderlo.
sbattere, battere forte.

6

falco

Can-barbone

Il povero Pinocchio era ormai più morto che vivo. Ma ecco che la bella Bambina dai capelli turchini venne ad un tratto alla finestra e battè per tre volte le mani insieme. Si sentì allora un gran rumore di uccelli e un grosso *falco* scese sulla finestra.

– Che cosa domandate, mia bella *Fata?* – disse il Falco (perché bisogna sapere che la Bambina dai capelli turchini non era altro che una buonissima Fata, che da più di mille anni abitava vicino al bosco).

– Vedi tu quel burattino legato alla *Quercia* grande?
– Lo vedo.
– Bene: vola subito da lui, liberalo e stendilo sull'erba, ai piedi della Quercia. –

Allora la Fata, battendo le mani insieme, chiamò un bellissimo *Can-barbone* che camminava sulle gambe di

---

fata, essere immaginato dai bambini sotto forma di signora molto bella e buona che compie miracoli.
quercia, nome di albero.

carrozza

dietro, come se fosse un uomo. Era vestito molto elegantemente con in capo una parrucca bianca che gli scendeva giù per il collo.

– Su da bravo, Medoro! – disse la Fata al Can-barbone. – Fa' subito preparare la più bella *carrozza* e prendi la via del bosco. Sotto la Quercia grande troverai un povero burattino mezzo morto. Mettilo piano piano nella carrozza e portalo qui. Hai capito? –

Il Can-barbone partì subito e di lì a poco lo si vide uscire con una bella carrozza tirata da cento piccoli topi bianchi.

Non era ancora passato un quarto d'ora che la carrozza tornò, e la Fata, che stava aspettando sulla porta di casa, prese il povero burattino e, portatolo in una cameretta, mandò subito a chiamare i medici più famosi.

E i medici arrivarono subito, uno dopo l'altro: arrivò, cioè, un *Corvo*, una *Civetta*, e un *Grillo*-parlante.

Corvo, Civetta e *Grillo*, vedi illustrazione pag. 40 e 41.

Il Corvo, facendosi allora avanti per primo, toccò la fronte a Pinocchio: poi gli toccò il naso, poi un dito del piede: e quando ebbe toccato ben bene, disse:

– Secondo me il burattino è morto: ma se per caso non fosse morto, allora sarebbe prova che è ancora sicuramente vivo!

– Mi dispiace – disse la Civetta – di non essere d'accordo con il mio *collega:* per me, invece, il burattino è sempre vivo; ma se per caso non fosse vivo, allora sarebbe prova che è morto davvero!

– E lei non dice nulla? – domandò la Fata al Grillo-parlante.

– Io dico che quando un medico non sa cosa dire, fa bene a star zitto. Del resto io so che quel burattino è un cattivo figliolo, che farà morire di dolore il suo povero babbo! –

A questo punto si sentì piangere nella camera. E tutti restarono molto sorpresi quando si accorsero che quello che piangeva così forte era Pinocchio.

– Quando il morto piange è segno che sta per *guarire,* – disse il Corvo molto seriamente.

– Mi dispiace di non essere d'accordo con il mio amico e collega: – disse la Civetta – ma per me, quando il morto piange, è segno che gli dispiace morire. –

I tre medici andarono via e allora la Fata, avvicinatasi a Pinocchio, si accorse che il povero burattino aveva una *febbre* altissima.

---

collega, compagno di lavoro.
guarire, riprendere salute.
febbre, quando si diventa molto caldi a causa di una malattia.

Mise allora una certa *medicina* in un mezzo bicchiere d'acqua e lo diede al burattino, dicendo:

– Bevi, e in pochi giorni sarai guarito. –

Pinocchio guardò il bicchiere e poi chiese con voce piagnucolante:

– È dolce o *amara?*

---

medicina, ciò che si prende per curare le malattie.
amaro, non dolce.

– È amara, ma ti farà bene. Bevila: e quando l'avrai bevuta, ti darò un pezzetto di *zucchero*.

– Prima voglio il pezzetto di zucchero, e poi berrò quell'acqua amara...

– Me lo prometti?

– Sì...

La Fata gli diede lo zucchero, e Pinocchio, dopo averlo mangiato, disse:

---

zucchero, quello che si usa per rendere dolce ciò che si beve o si mangia.

– Bella cosa se anche lo zucchero fosse una medicina!...

– Ora bevi dunque questa poca acqua, che ti farà guarire. –

Pinocchio prese il bicchiere in mano e vi mise dentro il naso: poi se l'avvicinò alla bocca: poi tornò a metterci dentro il naso: finalmente disse:

– È troppo amara! È troppo amara! Io non la posso bere.

– Come fai a dirlo, se non l'hai neppure provata?

– Lo so ugualmente! L'ho sentito dall'odore. Voglio prima un altro pezzetto di zucchero... e poi la berrò... –

Allora la Fata, come una buona mamma, gli mise in bocca un altro po' di zucchero; e dopo gli diede di nuovo il bicchiere.

– È inutile! Nemmeno così la posso bere...

– Che cosa c'è ancora che non va?

– La porta della camera, che è mezzo aperta. –

La Fata andò a chiudere la porta.

– Insomma, – gridò Pinocchio, ricominciando a piangere – quest'acqua amara non la voglio bere, no, no, no!...

– La febbre ti porterà in poche ore all'altro mondo.

– Non me ne importa...

– Non hai paura della morte?

– Certo no!... Meglio morire che bere quella medicina cattiva. –

A questo punto, la porta della camera si aprì ed entrarono dentro quattro *conigli* neri che portavano una piccola *bara da morto*.

– Che cosa volete da me? – gridò Pinocchio *spaventato*.

---

spaventato, pieno di paura.

bara da morto

conigli

– Siamo venuti a prenderti, – rispose il coniglio più grosso.

– A prendermi?... Ma io non sono ancora morto!...

– Ancora no: ma ti restano pochi minuti di vita, visto che non hai voluto bere la medicina!...

– O Fata, o Fata mia, – cominciò allora a gridare Pinocchio – datemi subito quel bicchiere... Presto, presto, perché non voglio morire... non voglio morire... –

E preso il bicchiere con tutt'e due le mani, lo bevve in una volta.

– Pazienza! – dissero i conigli. – Per questa volta siamo venuti per nulla. –

Infatti dopo pochi minuti, Pinocchio saltò giù dal letto del tutto guarito. E la Fata, vedendolo correre e saltare allegro per la camera, disse:

– Ora vieni un po' qui da me e raccontami come mai ti sei trovato fra le mani degli assassini. –

Pinocchio raccontò allora tutta la storia e la Fata volle sapere dove fossero le monete d'oro.

– Le ho perdute! – rispose Pinocchio; ma disse una *bugia*, perché invece le aveva in tasca.

Appena detta la bugia, il suo naso, che era già lungo, gli crebbe due dita di più.

– E dove le hai perdute?
– Nel bosco qui vicino. –

A quest'altra bugia il naso diventò ancora più lungo.

– Se le hai perdute nel bosco vicino, – disse la Fata – le cercheremo e le troveremo: perché tutto quello che si perde nel bosco vicino, si ritrova sempre.

– Ah! ora che ricordo bene, – disse il burattino, – le quattro monete non le ho perdute, ma le ho *mandate giù* mentre bevevo la vostra medicina. –

A questa terza bugia il naso diventò così lungo che il povero Pinocchio non poteva più girarsi da nessuna parte. Se si voltava di qui batteva il naso nel letto o nella finestra, se si voltava di là, lo batteva nelle pareti o nella porta della camera.

E la Fata lo guardava e rideva.

– Perché ridete? – gli domandò il burattino, spaventato di quel suo naso che cresceva sempre di più.

– Rido della bugia che hai detto.
– Come mai sapete che ho detto una bugia?
– Le bugie, ragazzo mio, si riconoscono subito, perché ve ne sono di due specie: vi sono le bugie che hanno le

---

bugia, dire una bugia vuol dire raccontare qualcosa di non vero come se fosse vero.

mandare giù, mangiare o bere ad un tratto.

gambe corte, e le bugie che hanno il naso lungo: la tua è di quelle che hanno il naso lungo. –

Pinocchio si provò allora a scappare dalla stanza per nascondersi; ma il naso era così lungo che non passava più dalla porta.

La Fata lo lasciò allora piangere una buona mezz'ora; e fece ciò per insegnargli a non dire più bugie. Ma quando lo vide con gli occhi fuori della testa dal gran dolore, allora, mossa a pietà, battè le mani insieme ed entrarono dalla finestra tanti grossi uccelli, chiamati *Picchi*, i quali, lavorando col *becco*, riuscirono in pochi minuti a far tornare normale il naso di Pinocchio.

45

– Quanto siete buona, Fata mia, – disse il burattino – e quanto bene vi voglio.

– Ti voglio bene anch'io, – rispose la Fata – e se tu vuoi rimanere con me, tu sarai il mio fratellino e io la tua buona sorellina . . .

– Io resterei volentieri . . . ma il mio povero babbo?

– Ho pensato anche a quello. Il tuo babbo sa già tutto: e prima che faccia notte, sarà qui.

– Davvero? – gridò Pinocchio felice. – Allora, Fatina mia, voglio andargli incontro! *Non vedo l'ora* di poter dare un bacio a quel povero vecchio, che ha sofferto tanto per me!

– Va' pure, ma prendi la via del bosco, così sono sicura che lo incontrerai. –

Domande

1. Chi viene in aiuto di Pinocchio?
2. Che cosa fa la Fata per guarire Pinocchio?
3. Come vengono descritti i grandi medici che visitano il burattino?
4. Quale storia racconta Pinocchio alla Fata?
5. Che cosa succede quando Pinocchio racconta bugie?
6. Perché la Fata non rende subito normale il naso di Pinocchio?

---

non vedere l'ora, avere molta voglia.

7

Pinocchio partì; appena entrato nel bosco, cominciò a correre. Ma vicino alla Quercia grande si fermò, sembrandogli di sentire delle voci. Ed ecco infatti la Volpe e il Gatto, i due con i quali aveva mangiato all'osteria del Gambero Rosso.

– Ecco il nostro caro Pinocchio! – gridò la Volpe, abbracciandolo e baciandolo. – Come mai sei qui?

– Come mai sei qui? – ripetè il Gatto.

– È una storia lunga, – disse il burattino – ve la racconterò un'altra volta. Basta dire che l'altra notte, quando mi avete lasciato solo all'osteria, ho trovato gli assassini per la strada...

– Gli assassini? O povero amico! E che cosa volevano?

– Mi voleva rubare le monete d'oro. Ma io cominciai a scappare, – disse il burattino – e loro sempre dietro: finché mi presero e m'impiccarono a quella quercia...

– Si può sentire di peggio? – disse la Volpe. – In che mondo viviamo? –

Mentre parlavano così Pinocchio si accorse che al Gatto mancava tutt'una zampa: per cui gli domandò:

– Che cosa hai fatto della tua zampa? –

Il Gatto voleva rispondere qualcosa, ma non sapeva trovare le parole. Allora la Volpe disse subito:

– Il mio amico è troppo buono, non parla mai di se stesso e per questo non risponde. Risponderò io per lui. Un'ora fa abbiamo incontrato sulla strada un vecchio che moriva di fame. Non avendo noi nulla da dargli, che cosa ha fatto l'amico mio, che ha davvero un gran cuore? Si è tagliato coi denti una zampa e l'ha gettata a quel poveretto perché potesse mangiare. –

E la Volpe, nel dire così, si asciugò una lacrima.

Pinocchio, commosso anche lui, si avvicinò al Gatto dicendogli:

– Se tutti i gatti fossero come te, fortunati i topi!...

– E ora, che cosa fai in questi luoghi? – domandò la Volpe al burattino.

– Aspetto il mio babbo, che deve arrivare qui da un momento all'altro.

– E le tue monete d'oro?

– Le ho sempre in tasca, meno una che ho dovuto usare all'osteria del Gambero Rosso.

– E pensare che, invece di quattro monete, potrebbero diventare domani mille e duemila! Perché non mi ascolti? Perché non vai a *seminarle* nel Campo dei miracoli?

– Oggi è impossibile: vi andrò un altro giorno.

– Un altro giorno sarà tardi, – disse la Volpe.

– Perché?

– Perché quel campo è stato comprato da un gran signore, e da domani non sarà più permesso a nessuno di seminarvi i denari.

– Quanto è lontano di qui il Campo dei miracoli?

– Due chilometri appena. Vuoi venire con noi? Fra mezz'ora sei là: semini subito le tue quattro monete: dopo pochi minuti ne raccogli duemila e stasera torni qui con le tasche piene. Vuoi venire con noi? –

---

seminare, mettere qualcosa sotto terra per farla crescere.

Pinocchio ci pensò su un po', perché gli tornò in mente la buona Fata, e il vecchio Geppetto; ma poi finì col fare come fanno tutti i ragazzi; finì, cioè, col dire alla Volpe e al Gatto:
– Andiamo pure: io vengo con voi. –
E partirono.
Dopo aver camminato una mezza giornata arrivarono a una città che aveva nome «*Acchiappa-citrulli*». Appena entrato in città, Pinocchio vide tutte le strade piene di cani affamati, di corvi che chiedevano l'elemosina, di grossi uccelli che non potevano più volare perché avevano venduto le *penne* delle *ali*.

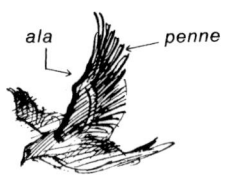

In mezzo a questa *folla* passavano di tanto in tanto alcune carrozze con dentro qualche volpe.
– E il Campo dei miracoli dov'è? – domandò Pinocchio.
– È qui a due passi. –
Attraversarono la città e, usciti fuori dalle mura, si fermarono in un campo *su per giù* simile a tutti gli altri campi.
– Eccoci arrivati, – disse la Volpe al burattino. – Ora fa' con le mani una piccola buca nel campo e mettici dentro le monete d'oro. –

---

acchiappare, prendere.
citrullo, stupido.
folla, molta gente.
su per giù, quasi.

Pinocchio preparò la buca, ci mise le quattro monete d'oro che gli erano rimaste: e dopo coprì di nuovo la buca con un po' di terra.

– Ora poi, – disse la Volpe – prendi dell'acqua qui vicino e *annaffia* la terra dove hai seminato. –

Pinocchio fece questo e poi domandò:

– C'è altro da fare?

– Nient'altro, – rispose la Volpe. – Ora possiamo andar via. Tu poi ritorna qui fra una *ventina* di minuti e troverai l'albero già bello grande e cresciuto, tutto carico di monete.

Il povero burattino disse grazie mille volte; poi i due lo salutarono e se ne andarono per i fatti loro.

Pinocchio, ritornato in città, cominciò allora a contare i minuti ad uno ad uno, e quando gli parve che fosse l'ora, riprese subito la strada per il Campo dei miracoli. E mentre camminava con passo *frettoloso* il cuore gli batteva forte e gli faceva tic, tac, tic, tac, come un orologio. E intanto pensava dentro di sé:

– E se invece di mille monete, ne trovassi sull'albero duemila?... E se invece di duemila, ne trovassi cinquemila?... Oh che bel signore allora diventerei! Vorrei avere un bel palazzo, mille cavallini di legno con cui giocare e... – così continuò a sognare di tutte le cose che avrebbe comprato.

Giunse al Campo e lì si fermò a guardare se per caso avesse potuto vedere qualche albero carico di monete d'oro: ma non vide nulla. Fece altri cento passi in avanti,

---

annaffiare, bagnare con acqua.
ventina, circa venti.
frettoloso, fatto in fretta.

e nulla: entrò sul campo . . . andò proprio su quella piccola buca dove aveva messo le monete, e nulla.

In quel momento sentì qualcuno ridere molto forte: e, voltatosi in su, vide sopra un albero un grosso *pappagallo* che col becco si metteva in ordine le poche penne che aveva addosso.

Pappagallo

– Perché ridi? – gli domandò Pinocchio con voce arrabbiata.

– Rido di quei barbagianni, che credendo a tutto si lasciano *prendere in giro* da chi è più *furbo* di loro.

– Parli forse di me?

– Sì, parlo di te, povero Pinocchio, di te che credi che i soldi si possano seminare nei campi, come si semina l'erba. Anch'io l'ho creduto una volta e oggi – ma troppo tardi – ho dovuto capire che per mettere insieme pochi soldi bisogna saperseli guadagnare col lavoro delle proprie mani o della propria testa.

– Non ti capisco, – disse allora il burattino, che già cominciava a tremare dalla paura.

– Devi dunque sapere, – disse allora il Pappagallo – che, mentre tu eri in città, la Volpe e il Gatto sono tornati in

---

prendere in giro, qui dare a intendere cose non vere.
furbo, chi si sa prendere prima degli altri il meglio di una situazione.

questo campo, hanno preso le monete d'oro e poi sono fuggiti come il vento. E ora chi li prende, è bravo! –

Pinocchio restò a bocca aperta, e non volendo credere alle parole del Pappagallo, cominciò con le mani a levar via la terra. E lavora, lavora, lavora, fece una buca così profonda, che ci sarebbe entrato un cavallo in piedi: ma le monete non c'erano più.

Allora tornò correndo in città e andò subito dai carabinieri per dire quello che era successo. Fu messo davanti a un *giudice*, il quale lo ascoltò con molto interesse: prese vivissima parte alla storia: si commosse: e quando il burattino non ebbe più nulla da dire, fece entrare due grossi cani vestiti da carabinieri e disse:

– A quel povero diavolo sono state rubate quattro monete d'oro: mettetelo dunque subito in prigione. –

Il burattino, sentendo ciò, cercò di *protestare:* ma i carabinieri, per non perdere tempo, gli chiusero la bocca e lo portarono in prigione.

E lì dovette restare quattro mesi: quattro lunghissimi mesi: e vi sarebbe rimasto anche di più, se non fosse stato per un caso fortunatissimo. Infatti, il giovane re della città aveva vinto contro il nemico e allora diede ordine che si facessero grandi feste e volle che fossero aperte le prigioni e mandati fuori tutti i briganti.

– Se escono di prigione gli altri, voglio uscire anch'io – disse Pinocchio.

– Voi no, – rispose il carabiniere – perché voi non siete nel numero dei briganti.

---

giudice, colui che giudica e decide la pena.
protestare, dichiararsi contro ciò che non sembra giusto.

– Domando scusa, – fece allora Pinocchio – ma sono un brigante anch'io.

– In questo caso avete ragione, – disse il carabiniere; e salutatolo con rispetto, gli aprì le porte della prigione e lo lasciò scappare.

Domande

1. Come dimentica Pinocchio questa volta i suoi buoni propositi?
2. Come sono gli abitanti di «Acchiappa-Citrulli»?
3. Cosa va a fare Pinocchio al Campo dei miracoli?
4. Che dice il Pappagallo quando Pinocchio ritorna al Campo?
5. Che idea si ha di ciò che è giusto e non giusto ad «Acchiappa-Citrulli»?
6. Come viene trattato Pinocchio dal giudice?
7. Perché Pinocchio viene messo in libertà?

8

Appena Pinocchio fu libero, si mise a scappare attraverso i campi, e non si fermò un solo minuto, fino a che non ebbe raggiunto quella strada che doveva portarlo alla casina della Fata.

Arrivato sulla strada, si voltò in giù a guardare nei campi, e vide benissimo il bosco dove aveva incontrato la Volpe e il Gatto: vide alzarsi la Quercia grande, alla quale era stato impiccato: ma, guarda di qua, guarda di là, non gli fu possibile vedere la piccola casa della bella Bambina dai capelli turchini.

Cominciò allora a correre con quanta forza aveva nelle gambe, e si trovò in pochi minuti sul prato, dove sorgeva una volta la Casina bianca. Ma la Casina bianca non c'era più. C'era, invece, una piccola pietra sulla quale si leggevano queste tristi parole:

QUI RIPOSA
LA BAMBINA DAI CAPELLI TURCHINI
MORTA DI DOLORE
PER ESSERE STATA ABBANDONATA
DAL SUO FRATELLINO PINOCCHIO

– O Fatina mia, perché sei morta?... perché invece di te, non son morto io, che sono tanto cattivo, mentre tu eri tanto buona?... E il mio babbo dove sarà? O Fatina mia, dimmi dove posso trovarlo, che voglio stare sempre con lui, e non lasciarlo più! più! più!... O Fatina mia, se davvero mi vuoi bene, torna viva come prima! Non ti dispiace vedermi solo e abbandonato da tutti?... Se arrivano gli assassini mi impiccheranno di nuovo all'albero ... e allora morirò per sempre. Che vuoi che io faccia qui, solo in questo mondo? Dove andrò a dormire la notte? Chi mi farà la giacca nuova? Oh! Sarebbe meglio, cento volte meglio, che morissi anch'io! Sì, voglio morire!...

E mentre piangeva a questo modo fece l'atto di strapparsi i capelli: ma essendo fatti di legno, non potè nemmeno metterci dentro le dita.

Intanto passò su per aria un grosso *Colombo*, il quale gli gridò dall'alto:

– Dimmi, bambino, che cosa fai laggiù?

– Non lo vedi? piango! – disse Pinocchio alzando il capo verso quella voce e asciugandosi gli occhi.

– Dimmi, – aggiunse allora il Colombo – non conosci fra i tuoi compagni un burattino che ha nome Pinocchio?

– Pinocchio?... Hai detto Pinocchio? – ripetè il burattino saltando subito in piedi. – Pinocchio sono io!

barca

– Conosci dunque anche Geppetto? – domandò al burattino.

– Se lo conosco! È il mio povero babbo! Ti ha forse parlato di me? Mi porti da lui? Ma è sempre vivo?

– L'ho lasciato tre giorni fa sulla *spiaggia* del mare.

– Che cosa faceva?

– Una piccola *barca* per attraversare il mare. Quel pover'uomo sono più di quattro mesi che gira il mondo per trovarti; e non avendoti potuto trovare, ora *si è messo in capo* di cercarti nei paesi lontani del nuovo mondo.

– Quanto c'è di qui alla spiaggia del mare? – domandò Pinocchio.

– Più di mille chilometri.

– Mille chilometri? O Colombo mio, che bella cosa potessi avere le tue ali!...

– Se vuoi venire, ti ci porto io.

– Come?

– Sopra di me, a cavallo. Pesi molto?

– Molto? tutt'altro!... sono leggerissimo. –

E lì, senza stare a dir altro, Pinocchio *saltò a cavallo* del Colombo.

---

spiaggia, terra bassa che scende in mare.
mettersi in capo, decidere.
saltare a cavallo, sedersi con le gambe aperte.

La mattina dopo arrivarono alla spiaggia del mare. Il Colombo posò a terra Pinocchio, e non volle nemmeno sentirsi dire grazie per avergli dato aiuto ma volò subito via.

Il posto era pieno di gente che gridava e faceva gesti indicando verso il mare.

– Che cos'è accaduto? – domandò Pinocchio a una vecchia.

– È accaduto che un povero babbo, avendo perduto il figlio, è voluto entrare in una barca per andare a cercarlo di là del mare; e il mare oggi è molto cattivo e la barchetta sta per andare sott'acqua...

– Dov'è la barchetta?

– Eccola laggiù, diritta al mio dito, – disse la vecchia, indicando una piccola barca con dentro un uomo piccolo piccolo.

Pinocchio girò gli occhi da quella parte e, dopo aver guardato attentamente, gridò:

– È il mio babbo, è il mio babbo! –

Intanto la barchetta, ora spariva fra le *onde*, ora tornava a farsi vedere, e Pinocchio non la finiva più di chiamare il suo babbo per nome e di fargli molti segni con le mani e perfino col berretto che aveva in capo.

E parve che Geppetto, benché così lontano dalla spiaggia, riconoscesse il figliolo, perché si levò il berretto anche lui, lo salutò e con gesti gli fece capire che sarebbe ritornato volentieri indietro, ma il mare era tanto grosso, che gl'impediva di potersi avvicinare alla terra.

Tutt'a un tratto venne un'onda terribile, e la barca

---

onda, movimento dell'acqua nel mare.

spari. Aspettarono che la barca tornasse su: ma la barca non si vide più tornare.

– Pover'uomo! – disse allora la gente che stava a vedere: e *mormorando sotto voce* una *preghiera* si mosse per tornare a casa.

Quand'ecco che udirono una voce piena di dolore, e voltandosi indietro, videro un ragazzetto che si gettava in mare gridando:

– Voglio salvare il mio babbo! –

Pinocchio, essendo di legno, non andava a fondo e *nuotava* come un pesce. Ora si vedeva sparire sott'acqua, ora appariva di nuovo con una gamba o con un braccio, sempre più lontano dalla terra. Alla fine lo *persero d'occhio* e non lo videro più.

– Povero ragazzo! – disse allora la gente e, mormorando sotto voce una preghiera, tornò a casa.

Domande

1. Al posto della casa della Fata che cosa trova Pinocchio?
2. Perché è morta la Fata?
3. Come viene aiutato Pinocchio dal Colombo?
4. Perché c'è gente sulla spiaggia?
5. Che cosa fa Pinocchio per salvare il babbo?

---

mormorare sotto voce, parlare a voce bassa.
dire una preghiera, chiedere aiuto in questo caso a Dio.
nuotare, muoversi in acqua per andare avanti.
perdere d'occhio, non vedere più.

9

Pinocchio, spinto dalla speranza di arrivare in tempo a dare aiuto al suo povero babbo, nuotò durante tutta la notte. Alla fine, e per sua buona fortuna, si ritrovò senza accorgersene sulla terra ferma.

Il burattino si mise allora a guardare di qua e di là se per caso avesse potuto vedere una piccola barchetta con un uomo dentro. Ma dopo aver guardato ben bene, non vide altro davanti a sé che cielo, mare e qualche *nave* lontana lontana.

Quest'idea di trovarsi solo, solo in mezzo a quel gran paese non abitato, lo rese così triste, che stava lì lì per piangere: quando tutt'a un tratto vide passare un grosso pesce che se ne andava tranquillamente per i fatti suoi, con tutta la testa fuori dell'acqua.

Non sapendo come chiamarlo per nome, il burattino gli gridò a voce alta, per farsi sentire:

– Ehi, signor Pesce, mi permetterebbe una parola?

– Anche due, – rispose il pesce.

– Mi farebbe il piacere di dirmi se qui intorno ci sono dei paesi dove si possa mangiare, senza pericolo di essere mangiati?

– Ve ne sono di sicuro, – rispose il pesce. – Anzi, ne troverai uno poco lontano di qui.

– E che strada si fa per andarvi?

– Devi prendere quella strada là, a sinistra, e camminare sempre *diritto al naso*. Non puoi sbagliare.

---

nave, grande barca.
diritto al naso, diritto in avanti.

Pesce-cane

– Mi dica un'altra cosa. Lei che va avanti e indietro tutto il giorno e tutta la notte per il mare, non avrebbe incontrato per caso una piccola barca con dentro il mio babbo?

– E chi è il tuo babbo?

– È il babbo più buono del mondo, come io sono il figliolo più cattivo che ci possa essere.

– Col terribile tempo che ha fatto questa notte – rispose il pesce – la barchetta sarà andata sott'acqua.

– E il mio babbo?

– A quest'ora sarà finito nella bocca del *Pesce-cane* che da qualche giorno si vede nelle nostre acque.

– È molto grosso questo Pesce-cane? – domandò Pinocchio, che già cominciava a tremare dalla paura.

– Se è grosso!... – rispose il pesce. – Perché tu possa fartene un'idea, ti dirò che è più grande di una casa di cinque piani, ed ha una bocca così larga e profonda che ci passerebbe comodamente tutto il treno colla macchina accesa.

– Mamma mia! – gridò spaventato il burattino: e si preparò ad allontanarsi in fretta di lì, per paura di vedersi davanti il terribile Pesce-cane grosso come una casa di cinque piani e con un treno in bocca.

Dopo mezz'ora di strada, arrivò a un piccolo paese. Le vie erano piene di persone che correvano qua a là per i loro affari: tutti lavoravano, tutti avevano qualcosa da fare.

– Ho capito, – disse subito Pinocchio – questo paese non è fatto per me! Io non sono nato per lavorare! –

Intanto la fame non gli dava pace, perché erano ormai passate ventiquattr'ore senza che avesse mangiato nulla.

Che fare?

Non gli restavano che due modi per potersi togliere la fame: o chiedere un po' di lavoro, o chiedere in elemosina un soldo o un po' di pane.

Ma chiedere l'elemosina non osava: perché il suo babbo gli aveva sempre detto che l'elemosina hanno il diritto di chiederla solamente i vecchi e i malati. Ma proprio in quel momento passò per la strada un uomo, il quale da solo tirava con gran fatica due *carri* carichi di legna.

Pinocchio, giudicandolo dall'aspetto un buon uomo, gli si avvicinò e gli disse sotto voce:

– Mi fareste l'elemosina di un soldo, perché mi sento morire di fame?

carro

somaro

– Non un soldo solo, – rispose l'uomo – ma te ne do quattro, se tu mi aiuti a tirare fino a casa questi due carri di legna.

– Ma come! – rispose il burattino quasi offeso – sappiate che io non ho mai fatto il *somaro:* io non ho mai tirato il carro!

– Meglio per te! – rispose l'uomo. – Allora, ragazzo mio, se ti senti davvero morir dalla fame, mangiati un po' della tua *superbia* e bada che non ti faccia male! –

In meno di mezz'ora passarono altre venti persone, e a tutte Pinocchio chiese un po' di elemosina, ma tutte gli risposero:

– Sono cose da farsi? Invece di perder tempo per la strada, va' piuttosto a cercarti un po' di lavoro, e impara a guadagnarti il pane! –

Finalmente passò una buona donna che portava due *brocche* d'acqua.

brocca

---

superbia, sentimento di chi si crede migliore degli altri.

– Posso, buona donna, bere un po' d'acqua dalla vostra brocca? – chiese Pinocchio che bruciava dalla *sete*.

– Bevi pure, ragazzo mio! – disse la donna.

Quando Pinocchio ebbe bevuto, mormorò a mezza voce, asciugandosi la bocca:

– La sete me la son levata! Così mi potessi levare la fame!... –

La buona donna, sentendo queste parole, aggiunse subito:

– Se mi aiuti a portare a casa una di queste brocche d'acqua, ti darò un bel pezzo di pane. –

Pinocchio guardò la brocca e non rispose né sì né no. Ma dopo averci pensato un poco finì col dire di sì ascoltando anche la voce della sua fame.

Arrivati a casa, la buona donna fece sedere Pinocchio ad una piccola tavola e gli mise davanti un piatto pieno di cose buone, che il burattino fece sparire subito. Calmata a poco a poco la fame, alzò il capo per dire grazie alla buona signora, ma rimase lì con gli occhi aperti.

– Che cosa è tutta questa *meraviglia?* – disse ridendo la buona donna.

– È... – rispose Pinocchio facendo fatica a trovare le parole – è... che voi avete l'aspetto di... sì, sì, sì la stessa voce... gli stessi occhi... gli stessi capelli... sì, sì, sì... anche voi avete i capelli turchini, come lei!... O Fatina mia!... O Fatina mia!... ditemi che siete voi, proprio voi!... Non mi fate più piangere! Se sapeste!... Ho pianto tanto, ho sofferto tanto!...

---

sete, bisogno di bere.
meraviglia, sentimento di viva sorpresa.

– Come mai ti sei accorto che ero io?

– È il gran bene che vi voglio quello che me l'ha detto.

– Ti ricordi? Mi lasciasti bambina e ora mi ritrovi donna: tanto donna che potrei quasi farti da mamma.

– Allora, invece di chiamarvi sorellina, vi chiamerò mamma. È tanto tempo che desideravo di avere una mamma come tutti gli altri ragazzi!... Ma come avete fatto a crescere così presto?

– È un *segreto*.

– Insegnatemelo: vorrei crescere un poco anch'io.

– Ma tu non puoi crescere, – rispose la Fata.

– Perché?

– Perché i burattini non crescono mai. Nascono burattini, vivono burattini e muoiono burattini.

– Oh! sono stanco di fare sempre il burattino! – gridò Pinocchio – Sarebbe ora che diventassi anch'io un ragazzo come tutti gli altri.

– E lo diventerai. È una cosa facilissima imparare ad essere un ragazzo per bene.

– Perché? Forse io non lo sono?

– Tutt'altro! I ragazzi per bene ubbidiscono sempre, e tu invece...

– E io non ubbidisco mai.

– I ragazzi per bene amano lo studio e il lavoro, e tu...

– Io, invece, non faccio nulla tutto il santo giorno.

– I ragazzi per bene dicono sempre la verità...

– E io sempre le bugie.

---

segreto, fatto saputo soltanto da una o da poche persone e che non va raccontato.
per bene, bravo, buono.

– I ragazzi per bene vanno volentieri a scuola . . .

– E a me la scuola *fa venire male*. Ma da oggi *in poi* voglio cambiar vita. Voglio diventare un ragazzo per bene anch'io e voglio essere la gioia del mio babbo . . . Dove sarà il mio povero babbo a quest'ora? avrò mai la fortuna di poterlo rivedere e abbracciare di nuovo?

– Credo di sì: anzi ne sono sicura. –

A queste parole fu tanta la gioia di Pinocchio, che prese le mani della Fata e cominciò a baciargliele quasi fuori di sé.

– Tu mi ubbidirai e farai sempre quello che ti dirò io.

– Volentieri, volentieri, volentieri!

– Già da domani – aggiunse la Fata – tu comincerai coll'andare a scuola.

Pinocchio diventò subito un po' meno allegro.

– Poi sceglierai un'arte o un lavoro che ti piaccia . . . – Pinocchio diventò serio.

– Che cosa mormori fra i denti? – domandò la Fata con voce un po' arrabbiata.

– Dicevo . . . – fece il burattino a mezza voce – che ormai per andare a scuola mi pare un po' tardi . . .

– Nossignore. Tieni a mente che per imparare non è mai tardi.

– Ma io non voglio fare né arti né lavori . . . lavorare mi pare una fatica.

– Ragazzo mio, – disse la Fata – quelli che dicono così, finiscono malati o in prigione. L'uomo, nasca ricco o povero, bisogna che lavori in qualche modo. Non si deve

---

fa venire male, mi fa stare male.
in poi, in avanti, in futuro.

mai lasciar prendere dall'*ozio*. L'ozio è una bruttissima malattia e bisogna guarirla subito, fin da ragazzi: se no, quando siamo grandi, non si guarisce più.

– Va bene. – disse allora Pinocchio – Io studierò, io lavorerò, io farò tutto quello che mi dirai, perché, insomma, sono stanco di fare la vita del burattino, e voglio diventare un ragazzo a qualunque prezzo. Me l'hai promesso, non è vero?

– Te l'ho promesso, e ora dipende da te . . . –

Domande

1. A chi domanda Pinocchio del suo babbo quando si trova sulla terra ferma?
2. Che cosa risponde Pinocchio a chi gli offre lavoro?
3. Perché alla fine il burattino accetta di lavorare?
4. Che cosa promette la Fata a Pinocchio, stanco di essere burattino?

---

ozio, il non fare niente.

10

Il giorno dopo Pinocchio andò a scuola.

Si fece subito amico dei compagni e anche il maestro non nascose di essere contento, perché lo vedeva bravo e intelligente, sempre il primo ad entrare nella scuola, sempre l'ultimo ad alzarsi, a scuola finita. Purtroppo, fra i tanti compagni che aveva Pinocchio, c'erano molti cattivi ragazzi che, si sapeva, avevano poca voglia di studiare. Il maestro glielo diceva tutti i giorni, e anche la buona Fata non mancava di ripetergli più volte:

– Pinocchio, questi tuoi compagni di scuola finiranno prima o poi col farti perdere l'amore per lo studio. –

E difatti, alcuni di questi compagni spesso *prendevano in giro* Pinocchio e gli dicevano:

– Devi far vedere di essere stanco, anche tu, della scuola, dei libri, del maestro, che sono i nostri tre grandi nemici. –

Ma Pinocchio aveva promesso alla Fata che avrebbe studiato e che avrebbe sempre fatto del suo meglio. E così fu, per tutto l'anno. Infatti, alla fine dell'anno venne dichiarato il più bravo della scuola; e, in generale, si disse così bene di lui, che la Fata tutta contenta gli disse:

– Domani finalmente il tuo desiderio diventerà realtà.

– Cioè?

– Domani finirai di essere burattino di legno, e diventerai un ragazzo per bene. –

Chi non ha veduto la gioia di Pinocchio a questa notizia tanto attesa, non potrà mai immaginarsela. Tutti i suoi

---

prendere in giro qualcuno, divertirsi di una persona.

amici e compagni di scuola dovevano essere invitati il giorno dopo a una gran festa in casa della Fata, e la Fata aveva fatto preparare moltissime cose buone da mangiare. Quella giornata prometteva di essere molto bella ed allegra, ma . . .

Purtroppo nella vita dei burattini c'è sempre un ma, che rovina ogni cosa.

Pinocchio, avendo promesso di ritornare prima che facesse notte, salutò la sua buona Fata, che era per lui come una mamma, e uscì di casa cantando e ballando.

In poco più d'un'ora, tutti i suoi amici furono invitati.

Bisogna ora sapere che Pinocchio, fra i suoi amici e compagni di scuola, ne aveva uno molto caro che tutti chiamavano Lucignolo. Era il ragazzo più *svogliato* di tutta la scuola: ma Pinocchio gli voleva un gran bene. Andò subito a cercarlo a casa per invitarlo, ma non lo trovò: tornò una seconda volta: tornò una terza volta, e Lucignolo non c'era. Cerca di qua, cerca di là, finalmente lo vide nascosto dietro una casa di contadini.

– Che cosa fai lì? – gli domandò Pinocchio, avvicinandosi.

– Aspetto la mezzanotte, per partire . . .
– Dove vai?
– Lontano, lontano, lontano!
– E io che sono venuto a cercarti a casa tre volte!...
– Che cosa volevi da me?
– Non sai che cosa è successo? Non sai la fortuna che mi è toccata?
– Quale?

---

svogliato, che ha perduto la voglia di studiare e di lavorare o altro.

– Domani finisco di essere un burattino e divento un ragazzo come te e come tutti gli altri. Domani, dunque, ti aspetto a casa mia.

– Ma se ti dico che parto questa sera.

– A che ora?

– A mezzanotte!

– E dove vai?

– Vado ad abitare in un paese... che è il più bel paese di questo mondo: una vera *cuccagna!*...

– E come si chiama?

– Si chiama il «Paese dei *balocchi*». Perché non vieni anche tu?

– Io? No davvero!

– Ascoltami, Pinocchio! Questo paese è il migliore che si possa immaginare per noi ragazzi. Lì non ci sono scuole: lì non ci sono maestri: lì non ci sono libri. Non si studia mai. Il giovedì non si fa scuola: e ogni settimana è fatta di sei giovedì e di una domenica. Ecco un paese come piace veramente a me!

– Ma come si passano le giornate nel «Paese dei balocchi»?

– Si passano giocando e divertendosi dalla mattina alla sera. La sera poi si va a letto, e la mattina dopo si comincia da capo. Che te ne pare?

– Uhm!... – fece Pinocchio: e *scosse* leggermente il capo, come per dire: «È una vita che farei volentieri anch'io!».

---

cuccagna, paese immaginato dai bambini dove si vive divertendosi e mangiando solo ciò che piace.
balocchi, oggetti che si usano per giocare.
scuotere, muovere da una parte all'altra.

– Dunque, vuoi partire con me? sì o no? Deciditi.

– No, no, no e poi no. Ormai ho promesso alla mia buona Fata di diventare un ragazzo per bene. Anzi, poiché vedo che il sole scende, così ti lascio e scappo via. Dunque addio e buon viaggio.

– Aspetta altri due minuti.

– Faccio troppo tardi.

– Due minuti soli.

– No, no, non posso! Ma, dimmi, dunque, come fai? Parti solo o in compagnia?

– Solo? Saremo più di cento ragazzi.

– E il viaggio lo fate a piedi?

– A mezzanotte passerà di qui il carro che ci deve prendere e condurre a quel fortunatissimo paese.

– Che cosa pagherei che ora fosse mezzanotte!...

– Perché?

– Per vedervi partire tutti insieme.

– Rimani qui un altro poco e ci vedrai.

– No, no: voglio ritornare a casa.

– Aspetta altri due minuti.

– Dunque, – disse Pinocchio – tu sei veramente sicuro che in quel paese non ci sono affatto scuole?...

– Neanche l'ombra.

– E nemmeno maestri?...

– Nemmeno uno.

– E non si deve studiare?

– Mai, mai, mai!

– Che bel paese! – disse Pinocchio. – Io non ci sono stato mai, ma me lo immagino!...

– Perché non vieni anche tu?

– È inutile che cerchi di farmi venire. Ormai ho promesso alla mia buona Fata di diventare un ragazzo per bene, e non voglio mancare alla parola.

– Dunque addio, e salutami tanto le scuole!

– Addio, Lucignolo: fa' buon viaggio, divertiti e ricordati qualche volta degli amici. –

Ciò detto, il burattino fece due passi per andarsene; ma poi, fermandosi e voltandosi all'amico, gli domandò:

– Fra quanto partirete?

– Fra due ore!

– Peccato! Se invece voi partiste fra un'ora, potrei quasi quasi aspettare.

– E la Fata?...

– Ormai ho fatto tardi!... e tornare a casa un'ora prima o un'ora dopo, è lo stesso. –

Intanto si era già fatta notte buia: quando a un tratto si vide muoversi lontano lontano una piccola luce.

– Eccolo! – gridò Lucignolo, alzandosi in piedi.

– Chi è? – domandò sotto voce Pinocchio.

– È il carro che viene a prendermi. Dunque vuoi venire, sì o no?

– Ma è proprio vero, – domandò il burattino – che in quel paese i ragazzi non devono mai studiare?

– Mai, mai, mai!

– Che bel paese!... che bel paese!... che bel paese!... –

Finalmente il carro arrivò. Lo tiravano ventiquattro *ciuchini*. E il *conduttore* del carro?... Era un *omino* più

---

ciuchino, somaro.
conduttore, chi conduce.
omino, uomo piccolo.

largo che lungo con un piccolo viso color rosa, una bocca che rideva sempre e una voce sottile e dolce come quella di un gatto che vuol farsi amare.

Il carro era tutto pieno di ragazzi fra gli otto e i dodici anni. Stavano male, non potevano muoversi, ma nessuno *si lamentava*. Sapevano che fra poche ore sarebbero giunti in un paese, dove non c'erano né scuole, né maestri, e ne erano così contenti che non sentivano né la fame, né la sete, né il sonno.

Appena il carro si fu fermato, l'Omino si volse a Lucignolo e gli domandò sorridendo:

– Dimmi, mio bel ragazzo, vuoi venire anche tu in quel fortunato paese?

– Sicuro che ci voglio venire.

– E tu, amor mio?... – disse l'Omino a Pinocchio – che intendi fare? Vieni con noi, o rimani?

– Io rimango – rispose Pinocchio. – Io voglio tornare a casa mia: voglio studiare e voglio farmi onore alla scuola, come fanno tutti i ragazzi per bene.

– Pinocchio! – disse allora Lucignolo. – Ascoltami! vieni via con noi e staremo allegri.

– Vieni via con noi e staremo allegri, – gridarono altre quattro voci di dentro al carro.

– Vieni via con noi e staremo allegri, – gridarono tutte insieme un centinaio di voci di dentro al carro.

– E se vengo con voi, che cosa dirà la mia buona Fata? – disse il burattino.

– Pensa che andiamo in un paese dove possiamo fare tutto ciò che vogliamo dalla mattina alla sera! –

---

lamentarsi, esprimere di non essere contento.

Pinocchio non rispose: ma ci pensò un poco, e finalmente disse:

– Fatemi un po' di posto: voglio venire anch'io!... –

Pinocchio salì: e il carro cominciò a muoversi.

Domande

1. Com'è la vita di Pinocchio a scuola?

2. Perché Pinocchio non fa in tempo a diventare un ragazzo?

3. Come si lascia convincere Pinocchio ad andare nel «Paese dei balocchi»?

4. Come vengono portati i ragazzi al «Paese dei balocchi»?

11

La mattina presto arrivarono felicemente nel «Paese dei balocchi».

Questo paese non era simile a nessun altro paese del mondo. Era abitato soltanto da ragazzi. I più vecchi avevano quattordici anni: i più giovani ne avevano otto appena. Nelle strade *branchi* di ragazzi *dappertutto:* c'era un gridare e un correre di qua e di là, chi saltava sopra cavallini di legno, chi cantava, chi si divertiva a camminare con le mani in terra e con le gambe in aria; chi rideva, chi chiamava, chi batteva le mani: insomma un tal disordine, un tal rumore da doversi chiudere gli orecchi per non diventare *sordi*. Su tutte le piazze si vedevano piccoli teatri pieni di ragazzi dalla mattina alla sera, e su tutti i muri delle case si leggevano scritte delle bellissime cose come queste: Viva i balocci! (invece di balocchi): non vogliamo più schole (invece di non vogliamo più scuole) e altri fiori simili.

– Oh! che bella vita! – diceva Pinocchio tutte le volte che per caso incontrava Lucignolo.

– Vedi, dunque, se avevo ragione? – rispondeva questo ultimo. – E dire che tu non volevi partire!

– È vero, Lucignolo! Se oggi io sono un ragazzo veramente contento, lo devo tutto a te. E il maestro, invece, sai che cosa mi diceva, parlando di te? Mi diceva sempre:

---

branco, grande numero di uomini o di animali.
dappertutto, in ogni posto.
sordo, che non può sentire.

»Lucignolo è un cattivo compagno e non può darti altro consiglio che quello di fare del male!...». –

Intanto era già da cinque mesi che durava questa bella cuccagna di divertirsi per giornate intere, senza mai vedere né un libro, né una scuola, quando una mattina Pinocchio, svegliandosi, restò così sorpreso da perdere subito il buon *umore*. Si accorse, con sua grandissima meraviglia, che gli orecchi gli erano cresciuti di un bel pezzo.

Lascio pensare a voi il dolore, la vergogna, e la *disperazione* del povero Pinocchio!

Cominciò a piangere, a *strillare*, a battere la testa nel muro: ma quanto più si disperava, più i suoi orecchi crescevano, e crescevano diventando orecchi da ciuchino.

Capì allora che era del tutto inutile piangere. Bisognava averci pensato prima: che tutti i ragazzi svogliati che passano le loro giornate divertendosi debbono finire prima o poi col diventare tanti piccoli somari.

– Oh! se avessi avuto un po' di cuore, non avrei mai abbandonato quella buona Fata, che mi voleva bene come una mamma e che aveva fatto tanto per me!... e a quest'ora non sarei più un burattino... ma sarei invece un ragazzo... ma se incontro Lucignolo... la colpa è tutta di Lucignolo!... –

Pensò allora di uscire. Ma quando fu sulla porta, si

---

umore, stato d'animo.
disperazione, stato e sentimento di chi non ha più speranza.
strillare, gridare forte.

ricordò che aveva gli orecchi d'*asino*, e non volendo mostrarli al pubblico, che cosa pensò di fare? Prese un gran berretto e messoselo in testa, se lo tirò fin sotto il naso.

Poi uscì: e *si dette a* cercare Lucignolo, dappertutto. Lo cercò nelle strade, nelle piazze, nei teatrini, in ogni luogo: ma non lo trovò.

Allora andò a cercarlo a casa: e arrivato alla porta picchiò.

– Chi è? – domandò Lucignolo di dentro.

– Sono io! – rispose il burattino.

– Aspetta un poco, e ti aprirò. –

Dopo mezz'ora la porta si aprì: e immaginatevi come restò Pinocchio quando, entrando nella stanza, vide il suo amico Lucignolo con un berretto in testa, che gli scendeva fin sotto il naso.

Alla vista di quel berretto, Pinocchio si sentì meglio e pensò subito dentro di sé:

– Che l'amico sia malato della medesima malattia? . . .

E facendo credere di non essersi accorto di nulla, gli domandò sorridendo:

– Come stai, mio caro Lucignolo?

– Benissimo.

– Scusami, amico: e allora perché tieni in capo questo berretto che ti copre del tutto gli orecchi?

– È per ordine del medico: mi son fatto male a questo ginocchio. E tu, caro burattino, perché porti questo berretto fin sotto il naso?

– È per ordine del medico: mi son fatto male a un piede.

---

asino, somaro.
darsi a, cominciare.

– Oh! povero Pinocchio!...
– Oh! povero Lucignolo!...

A queste parole seguì un lunghissimo silenzio, durante il quale, i due amici non fecero altro che guardarsi fra loro.

Finalmente il burattino disse al suo compagno:

– Mio caro Lucignolo: hai mai sofferto di malattia agli orecchi?

– Mai!... E tu?

– Mai! Però da questa mattina ho un orecchio che mi fa male.

– Ho lo stesso male anch'io.

– Mi fai vedere i tuoi orecchi?

– Perché no? Ma prima voglio vedere i tuoi, caro Pinocchio.

– E bene, – disse allora il burattino – leviamoci tutt'e due il berretto nello stesso tempo

– Uno! Due! Tre! –

Alla parola tre! i due ragazzi presero i loro berretti dal capo e li gettarono in aria.

Pinocchio e Lucignolo, quando si videro, invece di provare dolore l'un per l'altro, cominciarono a ridere. E risero, risero, risero da non poterne più: *se non che*, sul più bello del ridere, Lucignolo tutt'a un tratto diventò serio e cambiando colore, disse all'amico:

– Aiuto, aiuto, Pinocchio!

– Che cos'hai?

– Ohimè! Non mi riesce più di tenermi sulle gambe.

– Non mi riesce più neanche a me, – gridò Pinocchio piangendo.

---

se non che, ma.

E mentre dicevano così, si trovarono tutt'e due a camminare con le mani e con i piedi e a girare e a correre per la stanza. E mentre correvano, le loro braccia diventavano zampe, i loro visi diventavano lunghi e i loro corpi si coprivano di un *pelame* grigio.

Ma il momento più brutto per quei due poveretti sapete quando fu? Il momento più brutto fu quando sentirono crescere di dietro la *coda*. Vinti allora dalla vergogna e dal dolore, si provarono a piangere.

Non l'avessero mai fatto! Invece di pianti mandavano fuori una voce d'asino: e facevano tutt'e due: j–a, j–a, j–a.

In quel momento fu picchiato alla porta, e una voce di fuori disse:

– Aprite! Sono l'Omino, sono il conduttore del carro che vi portò in questo paese. Aprite subito, o peggio per voi! –

Vedendo che la porta non si apriva, l'Omino la aprì con un *violento* colpo del piede: ed entrato che fu nella stanza, disse con la solita voce dolce a Pinocchio e a Lucignolo:

– Bravi ragazzi! Avete *ragliato* bene, e io vi ho subito riconosciuti alla voce. E per questo eccomi qui. –

L'Omino parlò così, dolcemente, e poi li condusse sulla

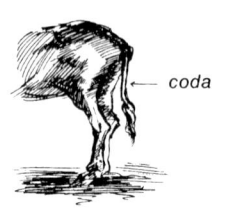

— coda

---

pelame, ciò che copre il corpo degli animali è il pelame.
violento, molto forte.
ragliare, gridare dell'asino.

circo

piazza del mercato, con la speranza di venderli e di guadagnarsi un bel po' di denari.

Lucignolo fu comprato da un contadino, a cui era morto l'asino il giorno avanti, e Pinocchio fu venduto al Padrone di una compagnia di un *circo*, il quale lo comprò per insegnargli a saltare e a ballare insieme con altri animali della compagnia.

Ora avete capito, qual era il bel mestiere che faceva l'Omino? Andava di tanto in tanto con un carro in giro per il mondo: strada facendo raccoglieva tutti i ragazzi svogliati, che erano stanchi dei libri e delle scuole, e poi li conduceva nel «Paese dei balocchi», dove potevano passare tutto il loro tempo giocando e divertendosi. Quando poi quei poveri ragazzi che giocavano sempre e non studiavano mai, diventavano ciuchini, l'Omino allora tutto allegro e contento li portava a vendere sui mercati. E così in pochi anni aveva fatto un mare di soldi.

Pinocchio andò incontro fin dai primi giorni a una vita molto dura.

– Io ti ho comprato, – gli disse il Padrone del Circo – perché tu lavori, e perché tu mi faccia guadagnare molti soldi. Su, dunque, da bravo! Vieni con me nel Circo, e

frusta

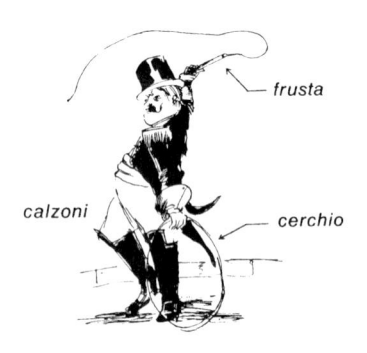

calzoni — *cerchio*

là ti insegnerò a saltare i *cerchi* e a ballare stando sulle gambe di dietro. –

Il povero Pinocchio, per amore o per forza, dovette imparare tutte queste bellissime cose; ma, per impararle, ci vollero tre mesi e molti colpi di *frusta*.

Venne finalmente il giorno in cui il suo padrone potè mostrarlo al pubblico del Circo.

Quella sera il teatro era tutto pieno già un'ora prima che cominciasse lo spettacolo. Non si trovava un posto, nemmeno a pagarlo a peso d'oro. C'erano ragazzi di tutte le età, che erano venuti per veder ballare il famoso ciuchino Pinocchio.

Finita la prima parte dello spettacolo, il Padrone della compagnia, vestito in giacca nera e *calzoni* bianchi, si presentò al pubblico e disse:

«Gentili signore e signori! Ho l'onore di presentare a questo intelligente pubblico un famoso ciuchino, che ebbe già l'onore di ballare nel Palazzo del nostro Re . . .».

Qui ci fu un battere di mani che diventò ancora più forte quando comparve il ciuchino Pinocchio in mezzo al Circo. Era stato vestito a festa con due fiori bianchi agli orecchi e alla coda due *fiocchi* rossi. Era, insomma, un ciuchino da innamorare!

fiocco

Pinocchio cominciò a ballare e a saltare per ordine del Padrone che stava nel mezzo del Circo dando colpi colla frusta. E così, mentre girava intorno al Circo, gli venne fatto naturalmente di alzare la testa e di guardare in su... e guardando, vide tra il pubblico una bella signora che aveva al collo un *medaglione*, e nel medaglione c'era il ritratto d'un burattino.

– Quel ritratto è il mio!... quella signora è la Fata! – disse dentro di sé Pinocchio, riconoscendola subito e provò a gridare:

– O Fatina mia! O Fatina mia! – ma invece di queste parole, si sentì il ragliare d'un asino che fece ridere tutti i ragazzi nel Circo.

Quando Pinocchio guardò in su una seconda volta, vide che il posto era vuoto, e che la Fata non c'era più.

Si sentì come morire: cominciò a piangere forte. Nessuno però se ne accorse, e, meno degli altri il Padrone, il quale anzi, muovendo con forza in aria la frusta, gridò:

medaglione

– Da bravo, Pinocchio! Ora fa' vedere a questi signori come sai saltare i cerchi. –

Pinocchio si provò due o tre volte: ma ogni volta che arrivava davanti al cerchio, invece di attraversarlo, ci passava più comodamente di sotto. Alla fine saltò e l'attraversò: ma le gambe di dietro rimasero dentro il cerchio e così cadde a terra.

Quando si alzò, era rimasto zoppo e potè appena ritornare alla *scuderia*.

– Fuori Pinocchio! Vogliamo il ciuchino! Fuori il ciuchino! – gridavano i ragazzi, commossi al triste caso.

Ma il ciuchino per quella sera non si fece rivedere.

La mattina dopo il medico delle bestie, quando l'ebbe visitato, dichiarò che sarebbe rimasto zoppo per tutta la vita.

Allora il padrone disse al ragazzo di *stalla*:

– Portalo dunque in piazza e vendilo di nuovo. –

Arrivati in piazza, trovarono subito un uomo, che lo voleva comprare.

– Quanto vuoi per questo ciuchino zoppo?
– Venti lire.
– Io ti do venti soldi. Non credere che io lo compri per *servirmene*: lo compro soltanto per la sua pelle. Vedo che ha la pelle molto dura. –

Lascio pensare a voi, ragazzi, il piacere del povero Pinocchio, quando sentì quale fine era stata decisa per lui.

Fatto sta che l'uomo, appena pagati i venti soldi, con-

---

scuderia, luogo chiuso dove si tengono i cavalli e le carrozze.
stalla, luogo chiuso dove si tengono le bestie.
servirsene, usarlo.

dusse il ciuchino sopra uno *scoglio* che era sulla riva del mare; e messogli una pietra al collo e legatolo per una zampa con una *fune* che teneva in mano, lo gettò nell'acqua.

Pinocchio, con quella grossa e pesante pietra al collo, andò subito a fondo; e l'uomo, tenendo sempre in mano la fune, si pose a sedere sullo scoglio, aspettando che il ciuchino avesse avuto tutto il tempo di morire *affogato*, per poi levargli la pelle.

Domande

1. Che cosa fanno i ragazzi nel «Paese dei balocchi»?

2. In quale modo cambiano Pinocchio e Lucignolo dopo un po' di tempo?

3. Come si serve di loro l'Omino dopo che sono cambiati?

4. A chi viene venduto Pinocchio?

5. Che cosa deve imparare Pinocchio nel Circo?

6. Durante lo spettacolo che cosa gli succede?

7. Quale fine attende allora Pinocchio?

---

affogare, far morire nell'acqua.

12

Dopo cinquanta minuti che il ciuchino era sotto acqua, l'uomo sullo scoglio disse fra sé:

– A quest'ora il mio povero ciuchino zoppo deve essere *bell'e* affogato. –

E cominciò a tirare la fune, con la quale lo aveva legato per una gamba: e tira, tira, tira, alla fine vide apparire... potete immaginare? Invece di un ciuchino morto, vide apparire un burattino vivo che si muoveva come un pesce.

Vedendo quel burattino di legno, il pover'uomo credette di sognare e rimase lì a bocca aperta e gli occhi fuori della testa dalla sorpresa.

– E il ciuchino che ho gettato in mare, dov'è?...

– Quel ciuchino sono io! – rispose il burattino, ridendo.

– Ma come mai tu, che poco fa eri un ciuchino, ora, stando nell'acqua, sei diventato un burattino di legno?

– Sarà a causa dell'acqua del mare. Il mare ne fa di questi scherzi.

– Bada, burattino, bada!... Non prendermi per uno stupido. Non farmi perdere la pazienza!

– Bene, padrone: volete sapere tutta la vera storia? Liberatemi questa gamba e io ve la racconterò. –

Così fece l'uomo, *curioso* di conoscere la vera storia, e Pinocchio prese a raccontare di sé. La storia noi la sappiamo ma... non *fino in fondo*.

– Appena fui sotto acqua, – raccontò Pinocchio, – la

---

bell'e, davvero.
curioso, che desidera sapere.
fino in fondo, fino alla fine.

buona Fata vide che stavo per affogare e mandò subito intorno a me moltissimi pesci i quali, credendomi davvero un ciuchino bell'e morto, cominciarono a mangiarmi! Chi mi mangiò gli orecchi, chi mi mangiò la faccia, chi il collo, chi la pelle delle zampe . . . Ma dovete sapere che quando i pesci ebbero finito di mangiarmi tutta quella pelle d'asino che mi copriva dalla testa ai piedi, arrivarono come è naturale al duro . . . o per meglio dire al legno, perché, come vedete, io sono fatto di legno durissimo. Ma i pesci si accorsero subito che non ero pane per i loro denti, e quindi se ne andarono chi in qua chi in là, senza voltarsi nemmeno a dirmi grazie . . . Ed eccovi raccontato come voi, tirando su la fune, avete trovato un burattino vivo, invece d'un ciuchino morto. – E nel dire così, saltò nell'acqua e, allontanandosi allegramente dalla spiaggia, gridò al pover'uomo:

– Addio, padrone; se avete bisogno di una pelle di ciuchino, ricordatevi di me. –

E poi ridendo continuò a nuotare e in poco tempo si era tanto allontanato, che non si vedeva quasi più: cioè, si vedeva soltanto un piccolo punto nero sul mare.

Ad un tratto il povero burattino vide però uscir fuori dall'acqua e venirgli incontro un'orribile testa di *mostro*, con la grande bocca *spalancata* e dei denti che avrebbero fatto paura anche a vederli dipinti.

E sapete chi era quel mostro?

Era né più né meno che quel grande Pesce-cane, già ricordato in questa storia.

---

mostro, essere orribile e bruttissimo fuori del naturale.
spalancare, aprire il più possibile.

Immaginatevi lo *spavento* del povero Pinocchio davanti al mostro. Cercò di fuggire: ma quella orribile bocca spalancata gli veniva incontro sempre più presto, tanto che alla fine gli fu impossibile fuggire e il burattino venne raggiunto e fu bevuto con tale forza che, caduto giù nel corpo del Pesce-cane, restò senza sensi per un quarto d'ora.

candela

Quando ritornò in sé, non sapeva capire nemmeno lui, in che mondo fosse. Intorno a lui c'era da ogni parte un gran buio: ma un buio così nero e profondo da non poter proprio vedere nulla. Soltanto quando gli occhi si furono abituati un poco a quel buio, parve a Pinocchio di vedere lontano lontano qualcosa che sembrava una piccola luce.

– Che cosa sarà quella luce lontana? – si chiese Pinocchio, e andò un passo dietro l'altro in mezzo al buio dentro il corpo del Pesce-cane, verso quella piccola luce. E più andava avanti, più la luce si faceva grande: finché, cammina cammina, alla fine arrivò: e quando fu arrivato . . . che cosa trovò? Trovò una piccola tavola con sopra una *candela* accesa, e seduto a tavola un vecchietto tutto bianco, il quale se ne stava lì a mangiare alcuni piccoli pesci vivi, ma tanto vivi, che alle volte, mentre li mangiava, gli scappavano fuori di bocca.

---

spavento, forte paura.

Nel vedere questo il povero Pinocchio sentì una gioia così grande da non sapersi più tenere in piedi: voleva ridere, voleva piangere, voleva dire un monte di cose, ma non potè farlo. Finalmente riuscì a parlare e spalancando le braccia e gettandosi al collo del vecchio, cominciò a gridare:

– Oh! babbino mio, finalmente vi ho ritrovato! D'ora in poi non vi lascio più, mai più, mai più!

– Dunque gli occhi mi dicono il vero? – rispose il vecchietto – Dunque tu sei proprio il mio caro Pinocchio?

– Sì, sì, sono proprio io! E voi mi avete già *perdonato*, non è vero? Oh! babbino mio! come siete buono! E quant'è che siete chiuso qui dentro? – domandò infine Pinocchio.

– Saranno ormai due anni: due anni, Pinocchio mio, che mi sono parsi due secoli! –

E dicendo così, Geppetto cominciò a raccontare la sua storia, dal giorno in cui Pinocchio se ne era andato.

– Ma ora, babbino mio, – disse Pinocchio – non c'è tempo da perdere. Ora bisogna pensare subito a fuggire...

– A fuggire?... Come?

– Scappando dalla bocca del Pesce-cane e gettandoci in mare.

– Tu parli bene: ma io, caro Pinocchio, non so nuotare.

– E che importa?... Voi vi metterete sulle mie spalle e io vi porterò fino alla spiaggia. –

E senza dire altro, Pinocchio prese in mano la piccola candela, e andando avanti per far luce, disse al suo babbo:

– Venite dietro a me, e non abbiate paura. –

Ora bisogna sapere che il Pesce-cane, essendo molto

---

perdonare, dimenticare di proposito le colpe di una persona.

vecchio e soffrendo di cuore, dormiva a bocca aperta: per cui Pinocchio, arrivato fino ai denti e guardando in su, potè vedere un bel pezzo di cielo coperto di stelle e una luna molto chiara.

– Questo è il momento di scappare, – disse allora sotto voce voltandosi al suo babbo. – Mettetevi a sedere sulle mie spalle e fra poco saremo *salvi*. –

Pinocchio, sicurissimo del fatto suo, si gettò nell'acqua e cominciò a nuotare. Il mare era molto tranquillo e il Pesce-cane continuava a dormire così bene che niente e nessuno l'avrebbe svegliato.

Domande

1. Che cosa succede al ciuchino sott'acqua?

2. Quale incontro fa Pinocchio mentre fugge in mare?

3. Come mai Geppetto si trova nel corpo del Pesce-cane?

4. Come riescono a fuggire Pinocchio e Geppetto?

---

salvo, fuori pericolo.

13

Mentre Pinocchio nuotava per raggiungere la spiaggia, si accorse che il suo babbo, che gli stava sulle spalle e aveva le gambe mezzo nell'acqua, tremava come se avesse avuto la febbre. Pinocchio, credendo che egli tremasse di paura, gli disse:

– Coraggio, babbo! Fra pochi minuti arriveremo a terra e saremo salvi. –

Il povero Pinocchio *fingeva* di essere di buon umore: ma invece . . . Invece cominciava a perdersi di coraggio: le forze gli mancavano e la spiaggia era sempre più lontana.

Soltanto dopo ore ed ore, in cui Pinocchio aveva temuto di non riuscire mai a salvare sé e suo padre, i due toccarono terra.

Intanto s'era fatto giorno.

Allora Pinocchio, dando il braccio a Geppetto, che aveva appena la forza di tenersi in piedi, gli disse:

– Tenetevi pure al mio braccio, caro babbo, e andiamo. Cammineremo piano piano e quando saremo stanchi ci riposeremo lungo la via. –

Non avevano ancora fatto cento passi che videro seduti al lato della strada due *brutti ceffi*, i quali stavano lì a chiedere l'elemosina.

---

fingere, far credere.
brutto ceffo, brigante.

Erano il Gatto e la Volpe: ma non si riconoscevano più da quelli di una volta. Figuratevi che il Gatto, che si era sempre finto cieco, aveva finito col diventare cieco davvero: e la Volpe, diventata vecchia, aveva perduto persino la coda. La poveretta, caduta infatti nella più nera miseria, aveva dovuto vendere anche quella.

– O Pinocchio, – gridò la Volpe piangendo – fa' un po' di elemosina a questi due poveretti in miseria!

– Miseria! – ripetè il Gatto.

– Mi avete *ingannato* una volta, e ora non mi prendete più. – disse Pinocchio.

E così dicendo il burattino e Geppetto continuarono tranquillamente la loro strada finché, fatti altri cento passi, videro in fondo alla strada in mezzo ai campi una bella casetta.

– Quella casetta deve essere abitata da qualcuno, – disse Pinocchio. – Entrarono, ma non vi trovarono nessuno. Geppetto non poteva piu camminare. Era ormai tanto stanco ed aveva una sete terribile. Allora rimase nella casetta mentre Pinocchio uscì a cercare un po' di latte per il suo povero babbo.

Non lontano dalla casa incontrò un ragazzo che gli disse:

– A tre campi da qui abita Giangio, che ti potrà dare tutto il latte che desideri. –

Pinocchio allora corse alla casa di Giangio. Non avendo però Pinocchio denari Giangio gli promise di dargli del latte soltanto se avesse lavorato per lui a tirare su l'acqua

---

ingannare, prendere in giro.

pozzo

del *pozzo*. Si trattava di un lavoro molto *faticoso*, che fino a quel giorno era stato fatto dal ciuchino di Giangio.

– Questa fatica l'ha sempre fatta il mio ciuchino, – disse infatti Giangio – ma oggi il poveretto è in fin di vita.

– Mi portate a vederlo?

– Volentieri. –

Appena Pinocchio fu entrato nella stalla vide un povero ciuchino mezzo morto dalla fame e dal troppo lavoro. Quando l'ebbe guardato ben bene, riconobbe in lui Lucignolo, ma i due vecchi amici non si poterono dire nulla, perché Lucignolo ebbe appena il tempo di aprire gli occhi per un breve momento prima di morire.

Il burattino rimase molto triste e uscì dalla stalla pieno di dolore per il vecchio compagno.

---

faticoso, che si fa con fatica.

Finito il suo lavoro prese dunque il bicchiere di latte caldo e se ne tornò dal babbo.

E da quel giorno in poi continuò più di cinque mesi ad alzarsi ogni mattina molto presto per andare a tirare l'acqua dal pozzo e ricevere così il bicchiere di latte che faceva tanto bene al suo babbo. E oltre a questo imparò anche a fare *ceste* e *panieri*, che poi egli vendeva alla gente per guadagnare il denaro necessario a sé e al suo babbo.

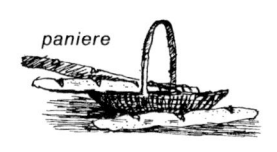

cesta   paniere

Una mattina disse al suo babbo:

– Vado qui al mercato vicino a comprarmi una giacca, un berretto e un paio di scarpe. Quando tornerò a casa – aggiunse ridendo – sarò vestito così bene che mi crederete un gran signore. –

E uscito di casa, cominciò a correre allegro e contento verso il mercato. Fu proprio lì che venne a sapere per caso che la Fata era stata portata all'ospedale ed era diventata così povera da non avere più nulla da mangiare.

– Oh! povera Fatina! Se non è morta allora la potrò vedere di nuovo, – si disse Pinocchio. – Se avessi un milione, correrei a portarglielo, ma io non ho che quaranta soldi. – E senza pensarci due volte, pregò una vecchia che gli stava vicino di portarli subito alla buona Fata.

Intanto Pinocchio diceva fra sé:

– *Finora* ho lavorato per il mio babbo: da oggi lavorerò

---

finora, fino a questo momento.

cinque ore in più per aiutare anche la mia buona mamma. –

Quando Pinocchio tornò a casa, il suo babbo gli domandò:

– E il vestito nuovo?

– Non mi è stato possibile trovarne uno che mi andasse bene. Pazienza . . . Lo comprerò un'altra volta. –

Quella sera Pinocchio, invece di lavorare fino alle dieci, rimase alzato fino a mezzanotte per poter lavorare di più.

Poi andò a letto e si addormentò. E nel dormire gli parve di vedere in sogno la Fata, tutta bella e sorridente, venuta per dargli un bacio e per dirgli:

← portamonete

– Bravo Pinocchio! Per il tuo buon cuore, io ti perdono tutto quello che hai fatto. I ragazzi che aiutano i propri genitori nelle loro miserie *meritano* sempre rispetto.

A questo punto il sogno finì, e Pinocchio si svegliò con gli occhi spalancati.

Ora immaginatevi voi quale fu la sua meraviglia, quando, svegliandosi, si accorse che non era più un burattino di legno: ma che era diventato invece un ragazzo come tutti gli altri. Si guardò intorno e invece delle solite pareti della casetta, vide una bella camera semplice ed elegante. Saltando giù dal letto, trovò preparato un bel vestito nuovo, un berretto e delle scarpe che gli stavano perfettamente bene.

Appena si fu vestito gli venne naturale di mettersi le

---

meritare, ricevere a merito.

mani in tasca e vi trovò un piccolo *portamonete* sul quale erano scritte queste parole: «La Fata *restituisce* al suo caro Pinocchio i quaranta soldi e lo ringrazia tanto del suo buon cuore». Aperto il portamonete, invece dei quaranta soldi, Pinocchio vi trovò quaranta monete d'oro.

Dopo andò a guardarsi allo *specchio*, e gli parve di essere un altro. Non vide più la solita immagine del burattino di legno, ma vide l'immagine di un bel ragazzo dall'aria allegra.

– E il mio babbo? dov'è? – pensò ad un tratto Pi-

← specchio

nocchio, in mezzo a tutte queste meraviglie. Ed entrato nella stanza accanto trovò Geppetto *sano* e di buon umore

---

restituire, dare indietro.
sano, che non è malato.

– Come si spiega tutto questo? – gli domandò Pinocchio saltandogli al collo e coprendolo di baci.

– Sei tu, che hai fatto cambiare tutto, – disse Geppetto. – Quando i ragazzi cattivi diventano buoni, possono dare un aspetto nuovo e sorridente a tutta la loro casa e all'intera famiglia.

– E il vecchio Pinocchio di legno dove si sarà nascosto?

– Eccolo là, – rispose Geppetto: e gli fece vedere un grosso burattino sopra una sedia.

Pinocchio si voltò a guardarlo; e dopo che l'ebbe guardato un poco, disse dentro di sé con grandissimo piacere:

– Come ero *buffo* quando ero burattino! e come ora sono contento di essere diventato un ragazzo per bene!... –

Domande

1. Scappati dal Pesce-cane, come arrivano i due alla spiaggia?

2. Quale impressione fanno questa volta la Volpe e il Gatto su Pinocchio?

3. In quale modo Pinocchio provvede al padre?

4. Quando Pinocchio va a lavorare da Giangio, chi trova nella stalla?

5. Perché Pinocchio non compra il vestito nuovo che desidera?

6. Un bel giorno, svegliandosi, quale sorpresa ha Pinocchio?

---

buffo, che fa ridere.

EASY READERS *Danimarca*
ERNST KLETT SPRACHEN *Germania*
ARCOBALENO *Spagna*
LIBER *Svezia*
PRACTICUM EDUCATIEF BV. *Olanda*
EMC CORP. *Stati Uniti*
EUROPEAN SCHOOLBOOKS PUBLISHING LTD. *Inghilterra*
WYDAWNICTWO LEKTORKLETT *Polonia*
KLETT KIADO KFT. *Ungherìa*
ITALIA SHOBO *Giappone*
NÜANS PUBLISHING *Turchìa*
ALLECTO LTD *Estonia*

Opere della letteratura italiana ridotte e semplificate ad uso degli studenti.
Le strutture e i vocaboli di questa edizione sono tra i più comuni della lingua italiana.
I vocaboli meno usuali o di più difficile comprensione vengono spiegati per mezzo di disegni o note.
L'elenco delle opere già pubblicate è stampato all'interno della copertina.
C'è sempre un EASY READER a Vostra disposizione per una lettura piacevole e istruttiva.
Gli EASY READERS si trovano anche in tedesco, francese, inglese, spagnolo e russo.

TITOLI GIÀ PUBBLICATI:

Giovanni Boccaccio: Andreuccio da Perugia (A)
Dario Fo: Gli imbianchini non hanno ricordi (A)
Natalia Ginzburg: Ti ho sposato per allegria (A)
Dacia Maraini: Mio marito/L'altra famiglia (A)
Italo Calvino: Marcovaldo (B)
Achille Campanile: Il segreto e altri racconti (B)
Lara Cardella: Volevo i pantaloni (B)
Piero Chiara: I giovedì della signora Giulia (B)
Collodi: Le avventure di Pinocchio (B)
Giovanni Guareschi: Don Camillo (B)
Ignazio Silone: Vino e pane (B)
Mario Soldati: Cinque novelle (B)
Susanna Tamaro: Va' dove ti porta il cuore (B)
Milena Agus: Mal di Pietre (C)
Niccolò Ammaniti: Io non ho paura (C)
Alessandro Baricco: Seta (C)
Andrea Camilleri: Il cielo rubato (C)
Andrea Camilleri: Io e te (C)
Andrea Camilleri: La moneta di Akragas (C)
Andrea Camilleri: Otto giorni con Montalbano (C)
Andrea Camilleri: Nuove avventure con Montalbano (C)
Carlo Cassola: La ragazza di Bube (C)
Grazia Deledda: L'edera (C)
Carlo Fruttero: Donne informate sui fatti (C)
Carlo Goldoni: La locandiera (C)
Alberto Moravia: Sette racconti (C)
Luigi Pirandello: Novello per un anno (C)
Vitaliano Brancati: Don Giovanni in Sicilia (D)

Per ragioni di diritto d'autore alcuni dei titoli
summenzionati non sono in vendita in tutti i
paisi. Si prega di consultare il catalogo
dell'editore nazionale.